JN027142

ココミル
cocomiru

長野 小布施

戸隠 湯田中渋温泉郷

すてきな思い出
作りましょ♪

春の戸隠、鏡池の神秘的な水面(P36)

パワスポ、温泉、高原リゾート
自然あふれる信州の地へ

左：戸隠神社の運気向上・金運招福のお守り(P39)、右：大粒で甘みの強い小布施の栗(P51)
下左から：志賀高原の田ノ原湿原(P80)／古い歴史をもつ湯田中渋温泉郷(P70)／飛鳥時代創建の善光寺(P18)

長野駅から湯田中駅までを結ぶ
長野電鉄(P68)。写真は小布施駅

北志賀高原のSORA terrace(P82)から望む雲海

渋温泉(P71)の横湯川にかかる
橋に吊るされた風情ただよう提灯

戸隠森林植物園(P36)
など、県内各地でミズバ
ショウが見られる

門前農館さんやそう
(P35)の信州まるご
とりんごジュース

根曲り竹をはじめ
信州は山菜の宝庫

丘の上に立つサンクゼール・
ワイナリー(P90)

そば処としても有名な信州。
写真は渋温泉の玉川本店(P73)

戸隠神社奥社手前茅葺き屋根の随神門(P38)

本格的なイタリアンが楽しめる
THE FUJIYA GOHONJIN(P28)

善光寺では毎朝、朝のお勤め「お朝事(おあさじ)」(P19)が行われる

武井工芸店の白樺で作ら
れた鳩の砂糖壺(P34)

長野タウン

善光寺のお膝元

レトロな門前町をぶらりおさんぽ

根元 八幡屋礒五
郎 本店の七味唐
からし(P34)

歴史ある蔵を再利用したセレクトショップ、ロジェ(P33)

リノベカフェ KUTEN. fruit&cake(P52)でひと休み

北斎館(P46)で葛飾
北斎の世界にふれる

モンブラン朱雀とコーヒーが
楽しめるカフェえんつつ(P55)

小布施

葛飾北斎ゆかりの街をアートめぐり

栗スイーツも見逃せない！

桜井甘精堂・本店
(P54)の純栗もな
かは期間限定販売

栗の木の間伐材が敷き詰められた栗の小径(P46)

長野電鉄湯田中駅裏にある
日帰り温泉・楓の湯(P95)の足湯

湯田中温泉の新
名物、温泉プリン
(P73)

湯田中渋温泉郷

風情ある温泉街でほっこり
秘湯めぐりも楽しい

地獄谷野猿公苑(P77)で
見られる温泉に入るサル

渋温泉の外湯めぐり
(P71)は9カ所

風情ある渋温泉(P71)の温泉街をそぞろ歩き

東館山高山植物園で
は約500種類の高山
植物がみられる

高山植物が咲く東館山高山植物園(P81)

北志賀・志賀高原

絶景ビューと自然を愛でる
高原リゾートへ

SORA terrace
cafeのSORA加
琲雲海マシュマロ付
き(P82)

東館山ゴンドラリフト(P81)に乗り6分で山頂に

左:SORA terrace cafe
のスカイソーダ(P82)／下:
SORA terraceで見られ
る幻想的な雲海。朝と夕方に
発生する確率が高い(P82)

長野 小布施 戸隠
湯田中渋温泉郷ってどんなところ?

善光寺・長野タウンを中心に、ふるさとの薫りが息づくエリア

善光寺を中心に広がる長野タウンがエリアの玄関口。その周辺に、そば＆神社めぐりで知られる戸隠、昔ながらの町並みを残す小布施・松代・須坂・飯山など、みどころが点在。周囲を取り囲む上信越国境の山々の麓は、いで湯が湧き、自然と里山の情緒を満喫できるエリア。

雲海を望める絶景スポット
SORA terrace（☞P82）

善光寺宿坊の精進料理
（☞P23）

おすすめシーズンはいつ?

メインは春から秋。周辺の観光地では季節のレジャーも

新緑のゴールデンウィークから10月の紅葉シーズンまでがメイン。7年に一度行われる善光寺御開帳（☞P14）の年には春の長野は大賑わい。山間にある戸隠や志賀高原は、夏には人気の避暑地。秋〜冬は味覚と雪見の温泉、スノーリゾートが楽しめる。除雪は進んでいるが、防寒はしっかりと。

長野 小布施 戸隠 湯田中渋温泉郷へ
旅する前に
知っておきたいこと

みどころや名物などの旅のキホンをしっかり予習。
旬の話題やアクセスも事前にチェックして、
旅をスムーズに楽しみましょう。

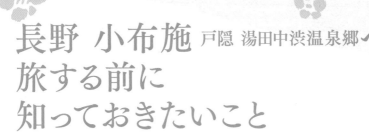

どうやって行く？

東京からは新幹線、名古屋からは在来線特急

東京から長野へは北陸新幹線で最短約80分。名古屋からはJR中央本線特急「しなの」で約3時間。長野から周辺の須坂・小布施・湯田中渋温泉郷へは長野電鉄を利用しよう。北陸新幹線の飯山駅からは野沢温泉、木島平などへアクセスできる。

日本のふるさと風景があちこちに

観光にどのくらいかかる？

長野タウンは1日でOK
宿泊して周辺観光地へ足を延ばして

善光寺＆長野タウンのみどころはコンパクトにまとまっており、1日で主要ポイントをまわることができるが、ぜひ宿泊＋周辺観光をプランに組み入れたい。周辺は戸隠神社の参拝をはじめ、小布施・松代・須坂・飯山などの古い町並み散策、湯田中・渋・野沢などの温泉地と、楽しみは多彩。

地獄谷野猿公苑（☞P77）

長野らしい体験をするなら？

自然の風景が最大の魅力。
季節の味覚も要チェック

豊かな自然に囲まれ、どのみどころも季節感たっぷりの風景が魅力。春には長野市街の桜、飯山の菜の花畑、戸隠のミズバショウ、千曲川沿いのアンズやリンゴの花風景が有名。特産品や季節の味覚も目白押しで、初夏からは果物狩りと果物製品。秋には小布施の栗、秋そば、キノコや米、ワインなど。

リンゴは品種もいろいろ

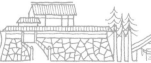

10:30 長野駅 出発〜！

北信州の玄関口・長野駅に到着。まずはご利益いっぱいの善光寺へ向かおう。

10:40 善光寺参道

善光寺門前までは「びんずる号」などの循環バスを活用すると便利（☞P17）。

石畳の参道に入ると宿坊が連なり神妙な心持ち。むじな地蔵（☞P20）に和みつつ進む。

10:50 善光寺 一生に一度はお参りしたい！

善男善女に親しまれる善光寺（☞P18）。国宝の本堂のほか、境内には文化財がいっぱい。

13:00

善光寺のすぐ東にある城山公園（P21）は、緑豊かな癒やしの立ち寄りスポット。

14:00 仲見世通り

石畳が続く仲見世通り（P21）の両側には、北信州のグルメもいっぱい。

14:30 信州そば！

信州へきたらまずは蕎麦を食べたい！藤木庵（☞P25）ではこだわりの十割そばを提供。

15:15

モダン系？和み系？善光寺山門前の九九や旬粋（☞P34）でみやげ探しをしてみよう。

15:30

ぱてぃお大門 蔵楽庭（**MAP**P107B3）の中の夏至（☞P32）で雑貨をチェック。

16:00 くつろぎのひととき

午後のひと時はSHINKOJI CAFÉ（☞P31）でワッフルとお茶のひと休みをしたい。

発酵調味料のつまみと食前酒をHAKKO MONZEN（☞P27）で楽しむ。

18:00 宿坊お泊まり おやすみ〜

それぞれ趣向を凝らす善光寺の宿坊。兄部坊（☞P23）で、伝統的な精進料理の夕f。

1泊2日で
とっておきの長野 小布施の旅

善光寺と門前タウンだけなら1日で見られるけれど、
グルメ、みやげ探し、宿坊のお泊まりも楽しんで。
2日目はレトロな町並みにアートが詰まった小布施へ。

おはよう！

10:15 小布施

長野電鉄でしばしローカル線の旅。降り立った小布施駅は観光案内所もある。

紙芝居が点在、趣向が凝らされた小布施の散歩道を、のんびり散策してみよう。

11:15 アートめぐり

小布施には美術館がたくさん。小布施ゆかりの作家のアートスポットを巡ろう（☞P48）。

日本のあかり博物館（☞P49）で、あんどんやぼんぼりなど、灯りの歴史にふれる。

12:30 小布施名物

栗菓子の老舗、竹風堂 小布施本店（☞P47）。ほっこりとおいしい栗おこわでお昼。

食後は竹風堂の栗あんしるこ。栗スイーツは、洋もの和ものいろいろあって目移りしそう！

13:30 北斎館

小布施を愛した葛飾北斎の肉筆画など、さまざまな作品に出合える北斎館（☞P46）。

14:15

栗の木のブロックは足にやさしい感触。栗の小径（☞P46）で小布施の情緒を感じる。

14:30 髙井鴻山記念館

からくり造りの「翛然楼」では、しばしタイムトリップ!?髙井鴻山記念館（☞P47）

15:00

ちょっと
ひと休み

桜井甘精堂 栗の木テラス（☞P50）の優雅な空間でティータイムを過ごすのもいい。

風味豊かな栗を使ったモンブラン。ほどよい甘さは紅茶との相性も抜群。

16:00

おみやげ
さがそ

諸国・民工芸雑貨 自在屋（☞P58）でみやげ探し。小布施駅までは徒歩8分。

せっかく遠くへ
来たんですもの

3日目はひと足延ばしてみませんか？

もっとパワーをもらう
戸隠へ

全国屈指のパワースポットである戸隠。2000年以上の歴史があるという戸隠神社の参拝や、深い森や湿地の散策を楽しんで（☞P36）。

温泉でほっこり
湯田中渋・野沢へ

9つの温泉が個性を競う湯田中渋温泉郷（写真、☞P70）。素朴な村落に宿や共同湯がひしめく野沢温泉（☞P84）。いずれも全国区の名湯だ。

ココミル+
cocomiru

長野 小布施
戸隠 湯田中渋温泉郷

Contents

●表紙写真
リンゴ（P92）、戸隠そば（P40）、善光寺（P18）、小布施堂のモンブラン朱雀（P55）、
SORA terraceの雲海（P82）、武井工芸店の鳩の砂糖壺（P34）、戸隠神社の杉並木（P38）、
田ノ原湿原のワタスゲ（P80）、スノーモンキー（P77）、竹風堂 小布施本店の栗おこわ（P47）

〈マーク〉
- 観光みどころ・寺社
- プレイスポット
- レストラン・食事処
- 居酒屋・BAR
- カフェ・喫茶
- みやげ店・ショップ
- 宿泊施設
- 立ち寄り湯

〈DATAマーク〉
- 電話番号
- 住所
- 料金
- 開館・営業時間
- 休み
- 交通
- 駐車場
- 室数
- MAP 地図位置

長野 小布施
戸隠 湯田中渋温泉郷って
こんなところ

▲まずはご利益いっぱいの善光寺に

善光寺から広がる長野タウン、実り豊かな千曲川沿いの平野と、それを取り巻く山々。自然の恵みとふるさとの薫りを満喫できるのが、ここ北信州エリアです。

🔶 観光エリアは大きく4つ

まず善光寺・長野タウンが一大拠点。そこから北西の山中にあるのが、そばと神社めぐりで知られる戸隠エリア。千曲川と並行する上信越自動車道を北上するとアートが盛んな小布施エリアと湯田中渋温泉郷、さらに北に行くと、飯山・木島平エリアと名湯・野沢温泉。その先は北・東を上信越国境の山々が取り囲んでいる。

🔶 プランニングは鉄道にバスを
上手に組み合わせて

長野市街から戸隠エリアへは路線バスのみ。小布施・湯田中渋温泉郷方面へは長野電鉄が便利で、小布施では町内循環バスもある。飯山方面へのアクセスは北陸新幹線の利用が便利。木島平のほか野沢温泉へのバスも飯山駅が起点となる。このほか飯山駅、野沢温泉や志賀高原へはJR長野駅からの直通バスもおすすめ。

🔷 長野市観光情報センターで最新情報をチェック

JR長野駅構内、東西自由通路の新幹線改札口向かいにある長野市観光情報センター。長野市や周辺市町村のパンフレットが揃い、長野市周辺の観光案内もしてくれる。到着したらまず立ち寄ってみよう。

☎026-226-5626 ⏰9〜19時(11〜3月は〜18時) 🈺無休

ぜんこうじ・ながのたうん
善光寺・長野タウン ①

…P16

善光寺とその門前から発展した長野タウンは、北信州の玄関口。みやげ店、そば店のほか、おしゃれなカフェやカルチャースポットにも注目。

とがくし
戸隠 ②

…P36

戸隠山の麓に広がる高原。神話の里として知られ、戸隠奥社へ続く杉並木は人気スポット。野鳥さえずる森、香り高い戸隠そばも魅力。

▲名物そばの食べ比べもしてみたい

▲戸隠連峰を映す、神秘的な鏡池

▲土壁が続く町並みをぶらり

おぶせ
小布施 ③

…P44

江戸時代に天領として栄え、葛飾北斎も作品を残した地。往時の面影を残す町並み、美術館や博物館、名産の栗を使ったスイーツが楽しみ。

ふるさとの風景に溶け込んだアート。
高橋まゆみ人形館（☞P89）

創作人形／高橋まゆみ
©高橋まゆみ人形館

いいやま
飯山 ④

…P88

千曲川のほとり、城下町の面影を
残し古刹が点在する、雪国の小京
都。周辺には信越国境の山々が連
なり、森や高原の彩りも美しい。

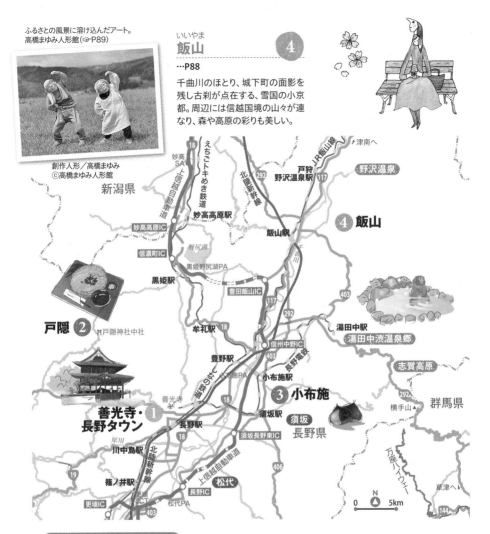

新潟県

長野県

群馬県

② 戸隠

① 善光寺・
長野タウン

④ 飯山

③ 小布施

野沢温泉

湯田中渋温泉郷

志賀高原

0　　　5km

人気の温泉エリアはこちら

ゆだなかしぶおんせんきょう
湯田中渋温泉郷
☞P70
夜間瀬川流域の9つの温
泉。湯治場として歴史は古く、
泉質も自慢。地獄谷温泉で
はサルが湯に浸かることも。

▲駅で待ち時間にザブン！湯田
中駅前温泉 楓の湯（☞P95）

のざわおんせん
野沢温泉
☞P84

野沢菜で知られる山あい
のいで湯。共同湯が点在
し、宿やみやげ店がひしめ
く温泉街をそぞろ歩き。

▲素朴な温泉街の雰囲気に
ふれるのも楽しみ

人々の心をひきつける
善光寺の功徳を授かろう

"遠くても一度は参れ…"といわれ、今も昔も広く慕われる善光寺。
絶対秘仏である御本尊の功徳を受けに行こう。

公開されることのない 絶対秘仏の御本尊

江戸後期の嘉永年間には『善光寺道名所図会』が刊行され、善光寺を目指す北国西往還は通称「善光寺道」とよばれるなど、善光寺は北信州の要であり、広く親しまれてきた。
善光寺の御本尊は、本堂の内々陣にある瑠璃壇に祀られている「一光三尊阿弥陀如来像」だ。『善光寺縁起』によれば、この御本尊はインドから朝鮮の百済を経て日本に伝わった、日本最古といわれる仏像。その後日本で仏教の受容をめぐる抗争のなか打ち捨てられていたのを、推古天皇の命を受けた信濃国司の従者・本田善光が信州へお連れする。初めは長野県飯田市（現在の元

回向柱は御開帳のたびに信州松代町から寄進。境内には歴代の回向柱が残る

頭上に「来迎二十五菩薩」が輝く、本堂の内陣。ここから奥の内々陣に「一光三尊阿弥陀如来像」が安置されている

一光三尊阿弥陀如来像 ＜絶対秘仏＞

本堂の"瑠璃壇"に安置されている。

阿弥陀如来
勢至菩薩
観音菩薩

善光寺）、のちに現在の長野市に遷座した。
この一光三尊阿弥陀如来像は「善光寺式」とよばれるもので、ひとつの光背の中央に阿弥陀如来、左右に勢至菩薩・観音菩薩を祀る。人肌のぬくもりをもつ「生身の如来様」ともいわれるが、公開されることが一切なく、絶対秘仏とされている。

前立本尊の功徳を 授かる御開帳

絶対秘仏である御本尊をまったく同じ姿に写したのが「前立本尊」。いわば身代わりとして数え七年（実際の6年）ごと、丑と未の年の春に開帳される。御開帳中は内陣（※1）

※1 内陣券が必要。(☞P18)

前立本尊 ＜数え七年に一度の御開帳＞

絶対秘仏のご本尊とまったく同じ姿。

にて前立本尊を拝むことができる。また、御開帳中は前立本尊の右手から、金糸・五色の糸・白い布と続く「善の綱」が、本堂前に立てられた回向柱へと結びつながれる。この回向柱に触れれば、前立本尊に触れるのと同じ功徳を授かることになる。御開帳中は誰でも回向柱に自由に触れられる。
期間中にはさまざまな法要が営まれるが、なかでも天台宗・浄土宗それぞれが行う「中日庭儀大法要」は御開帳のハイライト。華やかな衣装の稚児たちを先頭に、僧侶らが参道を進み、回向柱の前で荘厳な法要を営む。
なお、御開帳の期間以外でも、御本尊と縁を結び功徳を受けられるのが「お戒壇めぐり」だ（☞P18）。本堂床下の暗闇をめぐり、御本尊の真下にある錠前に触れれば極楽往生が叶うという。

参拝、町歩き、グルメ、自然とテーマ豊富な
長野・小布施には、ご利益もいっぱい！

日本一の門前町ともいわれる長野タウン。
善光寺にお参りしたら、ゆっくり歩いてみましょう。
栗、アート、北斎がテーマの、風情ある小布施町、
霊験あらたかな戸隠神社の五社参拝も外せません。

これしよう！

信州といえばそば、
そばといえば戸隠！

長野に来たらぜひ味わいたい。香り高いそばが育つという戸隠へ（☞P40）。

これしよう！

古くて新しい⁈
レトロタウンさんぽ

昔ながらの町並みにハイセンスなショップやギャラリーが溶け込んでいる（☞P32）。

門前にはアクセサリー感覚で人気の数珠も（☞P21）

地元の食材を使った食事処も充実（☞P26）

これしよう！

牛にひかれて…の
善光寺さん参り

境内には文化財も多数。参拝の最後は"お戒壇めぐり"に挑戦（☞P18）。

善光寺参詣とレトロな門前タウン散策

善光寺・長野タウン

ぜんこうじ・ながのたうん

ウォーキングも楽しい戸隠神社のお守り（☞P39）

こんなところ

庶民の信仰を集める善光寺を中心に広がる長野市は、北信州の主な観光地への拠点。歴史ある善光寺の門前は宿坊、善光寺や北信州のみやげ店、そば店などが連なるレトロタウン。古い建物をリノベーションしたスポットも注目を集める。近郊の城下町松代、神秘的な魅力をもつ戸隠は日帰りも可能。

access

●長野駅から善光寺へ
JR長野駅からアルピコバス善光寺方面行きで10分、バス停善光寺大門下車、徒歩5分

問合せ ☎026-226-5626
長野市観光情報センター
問合せ ☎026-223-6050
ながの観光コンベンションビューロー
広域MAP P104B3～C3

善光寺の隣に広がる憩いの城山公園
園内には季節の花が咲き誇る。特に春の桜は見事（☞P21）。

個性派ショップが並ぶ仲見世通り
お香や仏具、スイーツの店…。おっと、まずはお参りを（☞P21）。

独自の辛味と香りをもつ定番みやげ
善光寺の絵が描かれた七味や拉麺七味なども（☞P34）。

善光寺・長野タウン

0　　　300m

2 城山公園（☞P21）
長野県立美術館

1 善光寺（☞P18）

3 仲見世通り（☞P21）

4 根元 八幡屋礒五郎 本店（☞P34）

5 クイチそば 今むらそば本店（☞P24）

6 青木商店（☞P32）

観光のヒント
便利な循環バスを散策と組み合わせて
善光寺周辺の散策には、市内循環バスの「ぐるりん号」、長野駅～善光寺を往復する「びんずる号」が便利。いずれも全線150円均一。

ぐるっとまわって
5時間30分

まずはバスで善光寺へ。隣接する城山公園は緑も潤い憩いのスポット。帰りは善光寺七福神めぐり（☞P20）をしながら、長野駅へ帰るのがおすすめ。寄り道用に時間に余裕をみておくと◎。

スタート
善光寺大門
▶
1 見学 善光寺
▶ 徒歩5分
2 見学 城山公園
▶ 徒歩3分
3 買う 仲見世通り
▶ 徒歩5分
4 買う 根元 八幡屋礒五郎 本店
▶ 徒歩3分
5 食べる クイチそば 今むらそば本店
▶ 徒歩すぐ
6 買う 青木商店
▶ 徒歩11分
ゴール
長野駅

ご利益いっぱい、すべての人を受け入れる 善光寺の深くて温かい懐に包まれよう

日本最古といわれる仏像をまつる善光寺。約1400年にわたり、人々に親しまれてきた寺の御利益と魅力にふれてみよう。

牛の善子さん、光子さんです

▲荘厳な本堂は国宝。1707年再建、江戸時代中期を代表する仏教建築

ぜんこうじ
善光寺

無宗派ですべてを受け入れる古刹

飛鳥時代、644年の創建の古寺。百済伝来の本尊を信濃にお連れした本田善光の名をとって「善光寺」となった。以来、宗派を問わず、時の権力者から庶民まで信仰篤く、江戸時代には全国に「善光寺参り」が広まった。

☎026-234-3591 住長野市長野元善町491-イ ¥境内無料、内陣券600円、内陣・山門・経蔵共通券1200円 時境内終日、本堂はお朝事の1時間前(日の出時刻により変動)〜16時30分(季節により変動あり) 休無休 交バス停善光寺大門から徒歩5分 P善光寺駐車場400台(2時間600円以降1時間ごとに300円) MAP P107B1

▲なでられて目鼻がつるつる

びんずるそんじゃ
びんずる尊者

本堂に入ってすぐ目にとまる釈迦の弟子の一人。病人が自らの患部と同じところを触れると、その神通力で治るという「なで仏」。

▲堂内の西側に祀られている

えんまぞう
閻魔像

本堂の外陣、左側に祀られる冥府の裁判官。生前の行いを裁き、極楽、地獄行きを決める。内陣入口の大鏡は私達の嘘を映すとか。

▲内々陣の奥の入口から床下へ

おかいだんめぐり
お戒壇めぐり

本堂床下の真っ暗闇の回廊を巡り、秘仏のご本尊の真下にある錠前に触れることで、ご本尊と結縁を果たせるという。※内陣券が必要。

善光寺さんの "お朝事"

善光寺で365日、日の出とともに始まる朝のお勤め「お朝事」。善光寺住職のお貫主さま、お上人様がお朝事に往復の際、ひざまづく参拝者の頭を数珠で撫で、功徳をお授けになるのが「お数珠頂戴」（☞P22）。

さんもん
山門（三門）
寛延3年（1750）築の国の重要文化財。楼上の「善光寺」の額は必見。

だいかんじん
大勧進
善光寺天台宗の住職、お貫主様の本坊。宝物館など、みどころも多い。

だいほんがん
大本願
善光寺浄土宗の住職、お上人様が暮らす皇室ゆかりの尼寺。宝物殿も。

におうもん
仁王門
大正7年（1918）再建。高村光雲・米原雲海の作の仁王像がすばらしい。

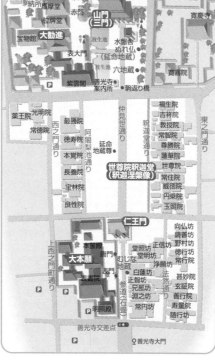

日本忠霊殿（善光寺史料館）
善子さん、光子さん
徳川家大奥供養塔
高尾灯籠
本堂
ツツジ
おやこ地蔵尊
輪廻塔
経蔵
シダレザクラ
大香炉
鐘楼
サザンカ
爪彫如来
昇り龍王の松
善光寺寺務局
歴代回向柱
納経所商屋宮堂
赤門
授与品所
位牌堂
寛慶寺
宝物館
山門（三門）
大勧進
放生池
水屋舎 ぬれ仏
表書門
（延命地蔵）
六地蔵
宝善院
放生池
紫雲閣
善光寺案内所
駒返り橋
薬王院
光明院
福生坊
吉祥院
教授院
常智院
尊勝院
蓮華院
世尊院
常生院
威徳院
円慶院
玉照院
最勝院
常徳院
徳寿院
本覚院
長養院
宝林院
良性院
阿闍梨池之坊
延命地蔵尊
西之門通り
釈迦堂通り
仲見世通り
世尊院釈迦堂（釈迦涅槃像）
東之門通り
仁王門
向仏坊
鏡善坊
野村坊
徳行坊
常行坊
本誓殿
唐門
堂照坊
堂明坊
正信坊
浄願坊
甚妙院
玄証院
善行院
寿量院
随行坊
大本願
むじな地蔵
白蓮坊
正覚坊
兄部坊
淵之坊
常円坊
法然堂
上西之門町通り
善光寺大門
参道石畳
甲照院
善光寺交差点

おやこじぞうそん
おやこ地蔵尊
東日本大震災で被災した、陸前高田の松原の松で作った地蔵尊像を祀る。

きょうぞう
経蔵
宝暦9年（1759）建立の、中央に八角の輪蔵があるお堂。国の重要文化財に指定されている。

2つの宗派

善光寺は宗派ができる前に創建された無宗派の寺。それが「すべての人々を受け入れる」といわれるゆえんだ。そして、かつては女人禁制が多い寺のなかにあって、古くから女性に開かれた寺として信仰も篤い。寺は無宗派であるが、天台宗と浄土宗の2つの宗派によって共同で護持されており、お貫主様、お上人様の2人の住職がいる。毎日の「お朝事」もそれぞれの作法で2回行われている。

善光寺界隈のご利益めぐりをしつつ ゆっくりウォーキング

長野駅から善光寺までは、善光寺七福神めぐりもできる善光寺表参道。
ご利益が得られる体験などもしながらウォーキングを楽しみましょう。

ぜんこうじしちふくじんめぐり
善光寺七福神めぐり

善光寺創建以来、1400年以上の歴史をもつ門前町での七福神めぐりは、ご利益あること間違いなし。長野駅から善光寺に行く途中で、7カ所すべてめぐれるのも魅力だ。長野市ガイド協会では、約2時間のガイド付きツアー500円も実施しているので参加してみて（要問合せ）。☎026-225-9911（長野市ガイド協会）

▶色紙800円は数カ所で販売。御朱印は1カ所100円（善光寺は200円）

表参道を行く！

1 寿老人（西光寺）
長寿の象徴である神様。みどころが多い寺なので時間をかけて散策をしたい。

2 大黒天（大国主神社）
三宝を守り、戦闘を司った神様。善光寺表参道から昭和通りを左に入った左側。

3 福禄寿（秋葉神社）
幸福、財産、長寿を授けるといわれる神様。江戸時代に施されたという彫刻も必見！

4 弁財天（往生院）
七福神で唯一女性の神様。琵琶を弾く姿から芸能の神様ともいわれている。

大黒天
（大国主神社）2

福禄寿
（秋葉神社）3

新田町

1 寿老人
（西光寺）

長野駅

▲長野駅善光寺口広場には如是姫像がある

5 布袋（THE FUJIYA GOHONJIN）
福々しい姿の布袋様は中国に実在した僧で、福の神として信仰される。

6 恵比寿（西宮神社）
商いの神様として信仰される。七福神のなかで唯一の日本の神様だ。

7 毘沙門天（善光寺世尊院釈迦堂）
仏法を守る四天王の一人で多聞天ともよばれる。本尊は釈迦涅槃像。

仲見世・参道で待っている

ぬれ仏（延命地蔵）
参道脇のお地蔵様。江戸時代に大火を出した八百屋のお七を慰めたものともいわれている。

お牛様
仏様の化身ともいわれているお牛様。涎掛けをした像は善光寺境内の善光寺案内所内にある。

写真提供：善光寺

むじな地蔵
白蓮坊の敷地内には、金の蓮台の上に座る人の姿をしたむじな（タヌキ）の像がある。

通り全体が博物館の善光寺表参道

表参道周辺にある9店舗の商家が資料や建物の一部を「まちかどミニ博物館」と称し、無料公開している。昔の文具やカメラ、薬など当時の暮らしを垣間見られるアンティークの品々を散策途中に見学しよう（写真は酒商ミニ博物館）。

無限に広がる曼荼羅の世界

ぎゃるりれん
ギャルリ蓮

無限に模様が変化する万華鏡はため息もの

参道沿いの宿坊・白蓮坊内にあるギャラリー。万華鏡やとんぼ玉などが輝く店内に、手頃なものから数万円の作家ものまで揃う。万華鏡や天然石プレス、サンキャッチャー手作り体験もできる。

☎026-238-3928 住長野市元善町465白蓮坊内 ¥手作り体験2500円〜 ⏰10〜17時（11〜3月11時〜）休火・水曜 交バス停善光寺大門からすぐ P善光寺有料駐車場利用 MAP P107B2

お数珠作りが体験できる

ぎょくしょういん
玉照院

宿坊の一つ、玉照院（☞P23）は体験宿坊としても知られている。数珠守り作りは16種類の天然石の中から自分に合った珠を選び、オリジナルの数珠が作れる。最後に読経してお魂入れをしてもらう。

☎026-232-2546 住長野市長野元善町471 ¥4000円〜 ⏰9〜15時（要予約）休なし 交バス停善光寺大門から徒歩3分 P善光寺有料駐車場利用 MAP P107B2

▲珠選びはフィーリングが大切 ▶作り方のレクチャーを住職からうけてスタート

ギャルリ蓮

| 大門南 | 大門 | 善光寺 | | 善光寺 |

❹ 弁財天（往生院）　❺ 布袋（THE FUJIYA GOHONJIN）　❻ 恵比寿（西宮神社）　玉照院　❼ 毘沙門天（善光寺世尊院釈迦堂）　●城山公園

みやげ探し＆建物ウォッチを

なかみせどおり
仲見世通り

みやげ物店や飲食店などが立ち並ぶ善光寺仲見世通り。参道入口から400mほどにわたる石畳は、約300年になる由緒ある通りだ。敷石は7777枚あるのだとか。

古き良き時代を感じられるたたずまいの店が並ぶ

四季折々の花を楽しめる公園

じょうやまこうえん
城山公園

善光寺の東隣、横山城があったといわれる場所にある公園。園内には動物園や長野県立美術館などがあり、市内随一の桜の名所としても知られている。

善光寺に隣接する癒やしスポット

住長野市箱清水1-7-1 ¥－ ⏰散策自由 交バス停善光寺北から徒歩5分 P437台 MAP P107C1

📖 長野県立美術館（MAP P107C1）は2021年に名称も新たにオープン。最上階にある風テラスは見晴らしもよくカフェも併設されています。

朝の寺・善光寺をまるごと体験できる
宿坊でカラダもココロもリフレッシュ

宿坊は仏さまをより身近に感じる場所。宿坊の人に話を聞いたり、
「お朝事」(☞P19) に参列して新しい自分を見つけてみましょう。

╲ 宿坊お泊まりシミュレーション ╱

善光寺は「朝の寺」とよばれ、毎朝のお勤め「お朝事」が大切な行事。参列するため、明治41年(1908)以降、各院坊の住職の住まい「宿坊」に参拝者が宿泊するようになり、今もそのスタイルが守られている。宿坊の1日を体験しよう。※兄部坊(☞P23)に宿泊の例。

15:00 チェックイン
早めの食事や就寝に合わせてチェックイン。宿坊の人の説明あり。

▲宿坊ごとに心のこもったもてなし

18:00 夕食
精進料理や郷土料理、そばなど宿坊ごとに工夫が凝らされている。

▲宿坊では最後の「法飯」まで、美しい精進料理が続く

21:00 就寝
翌朝にそなえ早めに就寝を。お風呂・アメニティは旅館と同じ設備。

5:00 ～7:00 本堂へ
宿坊の住職や執事とともに夜明け前の境内へ。開始時間は季節により異なる。案内もしてくれる。

お数珠頂戴
お朝事の行き帰りのお貫主様、お上人様、両方の導師様からお数珠をいただける。お朝事ならではの体験だ。※諸般の事情により、予告なく取りやめになる場合があります。

お朝事参列
荘厳な雰囲気のなか、僧侶の真近で朝の読経を聴き、身が引き締まる。※内陣券が必要。

7:30 朝食
参拝後のすがすがしい気分で朝食。信州産の野菜や漬物がおいしい。

▶野菜たっぷり、真心のこもった朝食

10:00 チェックアウト
チェックアウト後は、早朝から店を開ける仲見世の散策がおすすめ。

╲ 誰でも泊まれる宿坊です ╱

善光寺宿坊組合

善光寺には39の宿坊がある。天台宗の25院と浄土宗の14坊で、それぞれに仏様を祀る御堂があり住職がいる。宿坊によって料金や料理、客室は異なり、住職による案内や法話などのもてなしもさまざま。宿坊選びに迷ったら、組合で紹介してもらおう。
☎026-237-7676
🕐9時～16時30分
※宿泊は原則として2名～

個性ある宿坊ご案内

39ある宿坊のサービスは均一ではなく、それぞれ趣向をこらした料理やもてなしで迎えてくれる。料理にこだわる宿坊や、襖1枚隔てた座敷ではなく、高級旅館のような宿坊もある。泊まりたくなる個性派宿坊をご紹介。

精進料理ってどんなもの？

現在の精進料理は元々は僧侶たちの行事食（日常食はもっと質素）。戒律にのっとり、動物性食材を使わず、野菜や豆類、ゴマなどを中心にするが、宿坊では肉・卵料理を出す所もある。

伝統の精進料理

1 焼き味噌・おろし汁でいただく手打ちそば
2 季節の吹き寄せ。見た目も◎ 3 小かぶのあんかけ

このこんぼう
兄部坊

精進料理のさきがけ

伝統の精進料理はここの先々代住職夫人が始めたもの。僧侶が行事で食べる食事を中心に、おいしく食べてほしいとの思いを込めた信州産食材の料理が楽しめる。

☎026-234-6677 🏠長野市元善町463 🍴精進料理3300円〜（2名から、要予約）。宿泊1泊2食1万1500円、1万4300円 🚌バス停善光寺大門からすぐ 🅿善光寺駐車場利用（無料）●全11室 MAP P107B2

浄土宗の宿坊14坊の一つ。鮮やかな赤い門が目印

ぎょくしょういん
玉照院

坐禅が苦手な人にもおすすめ

体験宿坊として知られる玉照院では、マインドフルネスとよばれる瞑想法を、椅子に座ったままで体験できるので、外国人やお年寄りなども気軽に参加できる。

☎026-232-2546 🏠長野市長野元善町471 🍴椅子坐禅60分2000円〜（🕘9〜15時、要予約）宿泊1万2000円〜 🚌バス停善光寺大門から徒歩3分 🅿善光寺駐車場利用（無料）●全8室 MAP P107B2

椅子坐禅

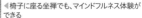

◀釈迦堂通りの静かなたたずまい。心静かに禅体験などを

◀椅子に座る坐禅でも、マインドフルネス体験ができる

📖「〜〜院」とよばれるのは天台宗の宿坊。「〜〜坊」とつくのは浄土宗の宿坊です。

そろそろお昼どき
そばどころ信州のそばはいかが？

信州の名物料理といえば、「そば」ですね。
善光寺門前のこだわりのそばを堪能しましょう。

御膳そば 天ぷら付き 2500円

そばの風味を存分に味わえる蕎麦メニューも御膳そば単品は1230円

どちらをいただきましょう？

◀信州の地鶏・しなの鶏を使用。うま味と歯ごたえが格別

地鶏南ばん 1400円

天ざるそば 上 2090円

エビと季節の野菜の天ぷらが付く

どちらをいただきましょう？

◀鴨の脂と焼きネギは相性抜群！そばともよく絡む

鴨せいろそば 1562円

くいちそば いむらそばほんてん
クイチそば 今むらそば本店

地粉を使ったそばが人気

そば粉を9割使った九一そばを提供し、家族経営ならではの温かな接客が自慢の店。御膳そばは、2代目店主から続くメニューで人気が高い。だしの風味を生かしたつけそばの地鶏せいろも自慢。みやげ用そばあり。
☎026-232-3518 🏠長野市西後町1637-3
🕐11時〜14時30分、16時30分〜18時(土・日曜、祝日は11〜17時) 休火曜 交バス停権堂入口からすぐ Pなし MAP107B3

善光寺に通じる中央通り西側に位置する

そばどころ こすげてい
そば処 小菅亭

著名人からも愛されるおそば屋さん

明治28年(1895)創業の老舗そば店。厳選した信州産のそば粉を使用した二八そばは香り高く、利尻の昆布と国産のかつお節をたっぷり使っただしと好相性。昭和天皇をはじめ、高松宮殿下などにもご奉仕されたそばは、多くの人に愛されている。
☎026-232-2439 🏠長野市東之門町367
🕐11時〜14時30分LO 休不定休 交バス停善光寺大門からすぐ P8台 MAP107B2

広い座敷が特徴で、居心地のよい空間

「善光寺寺町そば」ってどんなそばなの？

寒い季節に喜ばれる 善光寺寺町そば

寒い時期に訪れた人に温まってもらいたいと、かつては長野駅周辺から善光寺門前までのそば職人が提供していた「善光寺寺町そば」(しっぽくそば)。それが約10年前に復活し、店によっては通年で出すほど定着している。

具がいっぱいのしっぽくそば

種物(温かいそば)で、五目そばのこと。各店ごとに異なる具材の多さが、長崎の卓袱料理と似ていることからその名がついたといわれる。塗りの椀で出されることが多く、うどんで提供される「しっぽくうどん」もある。関東では「おかめそば」ともいわれるが、だしが異なる。

冬の名物「しっぽくそば」

長野駅で蕎麦を食べるなら!?

駅ビルMIDORI長野3階にある「食楽 彩々 そば処 みよ田」では、長野の豊かな四季が生み出した食材を使ったメニューを提供。こだわりのそばをはじめ、野菜や山菜、魚料理、地酒も用意。
☎026-227-9161 MAP P106B4

こがねそば 1200円

▲生卵と和え、金粉と海苔を散らしている。奥は、さらしなそば（要事前予約、繁忙期は販売なし）

かどのだいまる
かどの大丸

店頭で職人のそば打ち実演を堪能

創業から300余年の歴史がある善光寺門前の老舗そば店。打ちたて、ゆでたての手打ちそばを提供しており、店頭でそば打ちの様子が見られる。ざるは、香り高いさらしなそば1100円と、コシのあるざるそば900円の2種類があり、風味豊かなそばを堪能できると人気だ。

☎026-232-2502 🏠長野市大門町504
🕐9時30分〜16時45分 🈲不定休 🚌バス停善光寺大門からすぐ
🅿6台
MAP P107B2

善光寺へと続く境内入口に店を構える

十割そば 1600円

どちらをいただきましょ？

▲戸隠産のそば粉を使った十割そばは限定10食

●10〜5月限定で味わえる

しっぽこそば 1600円

そばどころ きたのやほんてん
そば処 北野家本店

そば粉をブレンドし、独自の味を追求

善光寺東参道にある老舗のそば店。県内産のそば粉をブレンドし、石臼碾きで製粉するそばは、独自のうま味を引き出している。かつお節だけでとるだしと熟成させたかえしを合わせたツユはしっかりとした味。寺町そばのしっぽこは冬期（10〜5月）に提供。夜の営業もあり、北信エリアの酒蔵の酒が堪能できる。そば居酒屋の雰囲気も感じられる店内で、自慢の味を堪能しよう。

☎026-232-2492
🏠長野市東之門町393 🕐11時〜14時30分LO、17時30分〜20時30分LO 🈲火曜 🚌バス停善光寺大門から徒歩5分 🅿10台
MAP P107B2

善光寺詣でに訪れた有名人も立ち寄る店

十割ごくらくそば 1510円

どちらをいただきましょ？

▲もり汁、くるみ汁、とろろ汁3種類の汁で味わうオリジナルメニュー
▲エビと季節の野菜がのった一杯

天ぷらそば 1630円

ふじきあん
藤木庵

こだわりの十割そばを味わう

文政10年（1827）創業。信濃町の契約農家で作られる霧下蕎麦を自家製粉して使用。そばは、つるっとしたのど越しと香りがたまらない。本枯節、利尻昆布のみでひいたすっきりとしたそばツユも特徴。十割そばは売り切れ次第終了。ほかに二八そばもある。季節に応じ人気の品が変わるほどメニューが多く、何度も訪れる人が多い。エビ2本と大葉のせがのる天ぷらそばもぜひ。

☎026-232-2531
🏠長野市大門町67 🕐11時〜14時30分LO 🈲火曜（祝日の場合は営業）🚌バス停善光寺大門からすぐ
🅿1台 MAP P107B2

門前の茶屋をイメージしたたたずまい

地場の食材を巧みに生かしたランチのおいしいお店

善光寺周辺にはヘルシーな料理からボリュームたっぷりの料理まで、地場食材にこだわったランチを楽しめるお店が揃っています。

▶信州鶏の親子丼重箱弁当は丼とお重二段が風呂敷に包まれて提供される

とりぞうべってい あずまや

鳥蔵別邸 東屋

信州産食材をふんだんに使った和食処

善光寺門前の商家だった江戸末期の建物を再生して、レストランとして蘇らせた。地場産の信州鶏をはじめ、信州特産の食材を使用した目にも鮮やかな料理が提供される。全席個室の店内で、信州の味覚を堪能する、贅沢なひとときを楽しみたい。

☎026-266-0160 住長野市東町104 ⏰11時～13時15分LO、17時～19時30分（予約制）、祝日のランチは予約がおすすめ 休日曜 交バス停善光寺大門から徒歩2分 Pなし MAPP107B2

▲季節の食材を中心にした8品が提供される月替わりの会席8000円（変更の場合あり）

《ランチメニュー》
・信州鶏の親子丼重箱弁当
　（昼のみ）　　　　　　2700円
・黒毛和牛ステーキ弁当　3800円
・昼のミニ会席（要予約）5500円

◀商家の面影が残る空間

▲信州牛の滋味をすき焼で

《ランチメニュー》
・すき焼セット・しゃぶしゃぶセット　3500円～
・すき焼定食・しゃぶしゃぶ定食　2300円～
・和風ステーキ定食　4000円

◀しゃぶしゃぶの極上肉をさっと湯にくぐらせて

▲木肌が温かい和の空間

すきてい

すき亭

リンゴで育った信州牛を堪能

名物のすき焼、しゃぶしゃぶの肉は、リンゴを食べて育つ信州牛を使用しており、肉本来の味を存分に味わえる。料理3品、ご飯、味噌汁、デザート付きのすき焼セットなどをゆっくり味わいたい。

☎026-234-1123 住長野市妻科112-1 ⏰11～14時LO、17時～20時30分LO 休月曜 交長野駅から車で10分 P20台 MAPP106A2

四季折々のシフォンケーキを！

「シフォン＆ケーキ 菓恋（かれん）」は、こだわりの卵を使ったシフォンケーキ専門店。シフォンのラスクやドイツの焼き菓子をみやげに。カフェではパフェも人気。

🈺月・火・金曜（祝日は営業）
☎026-217-6778 MAP P107B2

もんぜんさりょう やよいざ
門前茶寮 弥生座

野菜たっぷりのヘルシーな蒸し料理

地元野菜や信州牛をせいろで蒸した「門前せいろ」が名物。あつあつの食材を特製のポン酢でいただく、ヘルシーでさっぱりとした味わいが人気だ。地元食材を使用したメニューが豊富に揃う。

☎026-232-2311 🏠長野市大門町503 善光寺大本願南門前 🕐11時30分〜14時、17〜20時LO 🈺火曜、第2水曜 🚌バス停善光寺大門から徒歩2分 🅿4台 MAP P107B2

〈ランチメニュー〉
・門前せいろ　　　　　　　　　　2420円
・山里の生麩田楽花かご弁当　　　1750円
・門前名物そば味噌うす焼き　　　 550円

▲門前せいろ2200円。旬の食材をせいろで蒸した人気メニュー

▲温野菜サラダ880円。20種類の野菜を蒸したヘルシーなサラダ

▲店内は和の上品な雰囲気

〈ランチメニュー〉
・HAKKO MONZENランチ(A)　1500円
・HAKKO MONZENランチ(B)　2000円〜

しょう油豆入り豆腐とアボカドの春巻き1000円など単品も充実

◀ハーブ鶏のから揚げなど、メインは数種から選べる。ごはん、みそ汁、小鉢2品付きランチ(A)

はっこう もんぜん
HAKKO MONZEN

信州伝統の発酵食品を使った料理

表参道に面し、大正時代に建てられた足袋店をリノベーションした店。ここで食べられるのは、信州の伝統発酵食品である塩麹やしょう油などで調理した、地元食材を使ったヘルシーな料理。

☎026-266-0909 🏠長野市東後町16-1 1階 🕐11時〜14時30分LO、18〜22時 🈺日曜夜、月曜（祝日の場合はランチのみ営業）🚌バス停権堂入り口から徒歩1分 🅿なし MAP P107B3

▲天井が高く広々とした店内

ふふれ
fufule

目と舌で楽しむカジュアルフレンチ

信州産の野菜をふんだんに盛り込んだフレンチが味わえる。彩りよく盛り付けられた前菜やメイン、デザートは、それぞれ3種類からチョイスできる。旬食材を取り入れるためメニューは2カ月ごとに替わる。

☎026-217-5729 🏠長野市横沢町749-1 🕐11時30分〜14時LO、18時〜19時30分LO 🈺第1・3火曜、水曜 🚌バス停善光寺西から徒歩5分 🅿6台 MAP P107A1

◀気取らず、誰でもフレンチをカジュアルに楽しめる居心地のよい空間

◀フフレ ランチコース2000円〜。野菜が主役ともいえるコース。写真のメインは福味鶏とチェダーチーズのテリーヌフリット

▲街なかにひっそりたたずむ隠れ家的名店。2024年3月リニューアルオープン

📖「すき亭」本館隣りの洗心亭（MAP P106A2）は、山ノ内町渋温泉大湯の、釘を一切使わない建物を移築したもので、一見の価値ありです。

ひとりでも気軽に楽しめる 居心地のいいレストラン＆カフェ

善光寺門前町周辺には、レトロ建築や古民家、リノベカフェなど、ゆるやかな時間が流れる、レストラン＆カフェがたくさん。

ざ ふじや ごほんじん
THE FUJIYA GOHONJIN

歴史ある空間でイタリアンを堪能

大正ロマンを感じられるレトロな空間が印象的なレストラン。重厚な建物は国の有形文化財にも登録され、活気あるオープンキッチンで作られた本格派のイタリアンが堪能できる。ランチは3500円からで、ゆったりしたいときにおすすめ。スタッフの心遣いが行き届いたサービスも心地よい。

☎026-232-1241 🏠長野市大門町80 🕐ランチ11〜14時LOディナー17時30分〜20時LO(土・日曜19時〜) 🈳土・日曜、祝日のランチ 🚌バス停善光寺大門からすぐ 🅿提携駐車場あり(ランチタイムは3000円以上の利用で1時間分のサービス券) **MAP**P107B2

前菜、パスタ、メイン、デザートが楽しめる
シェフズランチコース3500円

▲建築物としても一見の価値あり ▶リンゴをたっぷり使った人気デザート「藤屋りんごパイ」

▲メインに肉か魚料理が選べるAランチ3000円

▲女性一人でも入りやすい雰囲気 ▼じっくり煮込んだ特製ビーフカレー1300円。サラダ付き

らくちゃ れんがかん
楽茶 れんが館

本格フレンチをカジュアルに味わう

国の有形文化財にも登録されたクラシカルな空間で食事が楽しめる、カジュアルフレンチの店。新鮮な食材を生かした料理が気軽にいただけると評判で、リピーターも多い。コース仕立てのランチは3000円〜。

☎026-231-6001 🏠長野市大門町67-1 🕐10〜19時 🈳不定休 🚌バス停善光寺大門からすぐ 🅿なし **MAP**P107B2

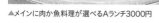

主婦の作る
手作りメニューが人気

「SHINKOJI CAFÉ」は主婦たちがシェフの和食カフェ。アイス添えアメリカンワッフルや季節限定のパイのほか、手作り味噌や米、野菜にこだわったランチ950円も評判。全席禁煙。
DATA→P31

◀自家製鮭の粕漬け焼きをメインにした一汁七菜の日替わり定食1100円〜

▶松代産杏子パッションブリュレ氷1400円

※2024年4〜6月ごろ休業予定、詳細は要確認

▲築70年以上の倉庫をリノベーション。レトロ感はそのままに残し、随所にポップな感覚を取り入れた軽やかさが漂う

ぽるか どっと かふぇ
POLKA DOT CAFE
かき氷と和風定食を味わう

昭和レトロとポップ感がミックスされた店内と、かき氷を通年で楽しめることで人気のカフェ。さわやかなフルーツ入りの1品が入った7種の小鉢が並ぶ和食ベースの日替わり定食も評判。

☎026-225-9197 住長野市権堂町2390-1 ⏰11時30分〜14時30分LO、18〜21時LO 休水・木曜 交長野電鉄権堂駅から徒歩5分 Pなし MAP P107B3

おりかふぇ
オリカフェ
はた織り体験のできるカフェ

▶人気のニューヨークワッフル900円

古い食堂を改装した店内には織り機と糸がずらりと並べられ、「さをり織り」を体験できる。カフェスペースでは、夏の自家製梅やあんずのソーダ、冬はHotアップルジンジャーがオススメ。

☎090-1669-0137 住長野市南長野諏訪町1644-3 ⏰10〜16時 休不定休（インスタグラムで要確認）交バス停権堂入口から徒歩2分 Pなし MAP P107B3

▲手織りの美しさを大切にした、さをり織を展示する店内
◀さをり織りは展示販売されており、体験可能

▲飯山産おいしいお米のキーマカレーセット950円

▶夏のせいクリームソーダ600円

▲大正期に建てられた建物を引き継ぎながら再利用した広い店内が魅力

しー.えいち.ぴー.こーひー
C.H.P COFFEE
コーヒーとバンドの世界観を楽しむ

人気ロックグループ「クリープハイプ」を愛する店主が営む自家焙煎コーヒー専門店。店名や一部メニューはバンド名や曲名から名付けられている。10種類ある色を選べるクリームソーダ、キーマカレーのセットなどがおすすめ。

☎070-4291-5129 住長野市東町207-1KANEMATSU ⏰11時30分〜18時 休不定休 交長野電鉄権堂駅から徒歩7分 Pなし MAP P107B2

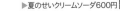

📖 善光寺周辺ではここ数年、古い建物を再利用したレストラン&カフェが増えています。くつろぎながら、建物の歴史も味わってみましょう。

参拝のあとにひと休み
門前町の愛されスイーツでほっこり

みどころ満載の善光寺でパワーチャージした後は、カフェでひと休み。
フレッシュなフルーツや濃厚なスイーツに癒やされます。

えぬ うぃんてーじ こーひー
N vintage coffee

熟練の職人が作るフルーツ大福を堪能

和菓子職人が作る、厳選した季節のフルーツ
をまるごと使ったフルーツ大福が味わえるカ
フェ。大福と相性抜群のコーヒーは、3カ国の
豆をブレンドしたオリジナルの豆を最新のエス
プレッソマシンで淹れた自信作。

☎026-400-5895 住長野市南千歳2-2-1 ⏰11～
19時(日曜、祝日10時～) 休無休 交長野駅から徒歩5分
Ｐなし MAP P106B3

▶長野県公認のアルク
マラテはラテアートでア
ルクマが出現

いちご大福 594円
老舗の和菓子職人と何度も試作を重
ね、最高のバランスで作ったフルーツ
大福。イチゴのサイズにもこだわりが

みかん大福 989円
ミカンがまるごと1つ入った大福
はビッグサイズ。ミカンのさわや
かさが際立つ一品

▲一面ガラス張りの開放的な店内は、和テイストのおしゃれ
空間

◀斬新な外観が目を引く

パン屋さんのフレンチ
トースト 770円
バゲットを使用したサンチ自慢
のフレンチトースト。食パン、デニ
ッシュバージョンも用意している

SANCHのフルーツ
サンド 561円
自家製カスタードと4種類のフ
ルーツが入った贅沢なサンド
イッチ。テイクアウトは550円

ふるーつ あんど ぶれっど さんち
Fruit & Bread SANCH

フルーツたっぷり萌え断サンドイッチ

「居町ベーカリー&珈琲ラボ」内に入るカ
フェ。厳選した長野県産の小麦粉、牛乳、
ハチミツを使い店内で焼き上げたふわ
ふわのパンに、県内産にこだわった具材
を挟んだサンドイッチが充実している。

☎026-217-5930(居町ベーカリー&珈琲ラボ)
住長野市居町55 ⏰10～17時 休不定休 交
長野電鉄市役所前駅から徒歩15分 Ｐ13台
MAP P104C3

グルメな複合施設が
リニューアル

ベーカリーと珈琲店が集まるグルメスポット「居町ベーカリー＆珈琲ラボ」が2023年11月にリニューアル。4カ所あるイートインスペースでは各店のパンやコーヒーを楽しむことができる。
☎026-217-5930 **MAP** P104C3

へいごろう ほんてん
平五郎 本店

ショーケースに並ぶスイーツに釘付け

チョコレートやクッキーなどの焼き菓子からキューブ型のパウンドケーキなど、さまざまなスイーツを販売する。併設のカフェでは、フォンダンショコラやバスクチーズケーキなどが味わえる。

☎026-266-0156 **住**長野市大門町515 **時**11〜18時（土曜10時〜、日曜、祝日10〜17時）**休**火曜 **交**バス停善光寺大門から徒歩1分 **P**提携駐車場のサービス券あり **MAP** P107B2

フォンダンショコラ
1200円
サクッとした生地の中からとろんと濃厚なチョコレートがあふれ出す。添えられたバニラアイスと相性抜群

▶季節や旬に合わせて発売される新メニューにも注目したい

しんこうじ かふぇ
SHINKOJI CAFÉ

門前町を描いた今昔地図がシンボル

善光寺門前の裏小路の再生プロジェクトで誕生したカフェ。ワッフルなどのスイーツやメイン料理を肉と魚から選べる本日のランチ950円などフードメニューも評判。

☎026-217-0170 **住**長野市東町142-2SHINKOJI北棟1階 **時**10時〜16時30分LO **休**月・火曜（祝日の場合は翌日）**交**バス停花の小路から徒歩2分 **P**4台
MAP P107B3

▲入口横にはテラス席も

▼昭和40年代建築の文房具卸会社の建物を利用。店内の壁には明治時代の門前界隈をベースにした、長野今昔地図が描かれている

ナッツとキャラメル
アイスのワッフル 600円
香ばしいナッツと濃厚なキャラメルアイスがワッフルに絡んで絶品！

▲モダンで開放感あふれる明るい店内。ショップと行き来もできる

2つのスパイス・チーズケーキ
＜バスクとクレームダンジュ＞ 800円
一味と七味辛みそが効いた濃厚なバスクチーズケーキと、ゆずの香るクレームダンジュが一皿で楽しめる

よこまちかふぇ
横町カフェ

料理を通して信州の魅力を発信

「根元 八幡屋礒五郎」（☞P34）の本店に併設されており、こだわりの七味とうがらしのほか、自社農場や信州の食材を多く使ったメニューを提供。看板メニューのカレーのほか、ドリンクやスイーツも豊富。

☎026-232-8770 **住**長野市横町86-1 **時**10時〜16時30分LO **休**無休 **交**バス停善光寺大門から徒歩1分 **P**提携駐車場のサービス券あり
MAP P107B2

平五郎 本店は2020年3月に一時閉店していましたが、2022年3月から営業を再開。地元住民だけでなく、多くの人たちの憩いの場に。

おもしろ一品、見つけましょ！
気になる長野のショップ探訪

長野タウンを散策していると、おやっ!?と思うお店に出合います。
伝統の逸品から輸入雑貨まで、気になるお店をのぞいてみましょう。

げし
夏至

世界にひとつの逸品に出合おう

陶器やガラスの食器、生活雑貨、洋服などがある趣の
ある店内に、クラフト作家手作りの作品が並んだギャ
ラリー兼ショップ。作家こだわりの作品を実際に眺め、
手にして、お気に入りの逸品を見つけよう。

☎026-237-2367 住長野市大門町54 2階 ◐11〜18時 休
展覧会期間：火曜（祝日の場合は翌日）、常設展期間：火・水曜 交
バス停花の小路（善光寺入口）からすぐ Pなし MAP P107B3
❶店内にはクラフト作家の作品の数々が並ぶ ❷伝統的な技法を用
いた手仕事の大判ストール2万9700円 ❸白磁の色が美しいポット
1万3200円 ❹使うことで艶を増す漆椀1客1万2100円 ❺古い陶
磁器の瓶をお手本にしたガラスのケルデル瓶3万3000円

あおきしょうてん
青木商店

重厚な空間で香りを楽しむ

お香を扱う青木商店は創業140年以上。一歩店内に
入ると外の喧騒が一瞬で遠のき、豊かな香りが出迎え
てくれる。数あるお香のなかから、自分好みのひとつを
じっくりと選んでみよう。大きな「香」の文字が目印。

☎026-235-0081 住長野市西後町1633 ◐9時30分〜16
時30分 休土・日曜、祝日 交長野電鉄権堂駅から徒歩5分 Pな
し MAP P107B3
❶3つの香りが楽しめるお香「特製花の花」1870円〜 ❷スティック
状のお香「夢の夢」605円 ❸豊かな香りに満ちた、歴史を感じる空間

① 星燈社「茶筒」大1320円、小1100円 ②どんなスタイルにも合わせやすいgogakusyaハンドメイド トートバッグSS 3630円 ③古民家を再利用した店内には世界の雑貨が並ぶ ④お風呂やプールで遊べるアメリカ製のおもちゃ3080円 ⑤ロジェオリジナルざらざら紙のレターセット385円

ロジェ

毎日の暮らしを演出する雑貨が揃う

歴史ある蔵を改装した店内には、北欧、東欧、フランスを中心に、世界中からセレクトした「暮らしを楽しくする雑貨」が所狭しと並んでいる。門前の街並みとヨーロッパがドア1枚でつながっているような不思議な感覚に、時間を忘れてしまいそう。
☎026-217-7929 ⊕長野市長野上西之門町604-1 ⏰10〜16時 ㊡不定休 ㊜長野電鉄善光寺下駅から徒歩10分 Ⓟなし MAP P107B2

柏与紙店

創業190年以上の紙専門店

長野市都市景観賞を受賞した趣深い建物の中には、額装、掛軸、表具材料などから、ハガキや人形、モダンな和紙製品まで多種多様な紙製品が揃っている。店内では歴史を感じながら、紙製品にふれられる。
☎026-232-0367 ⊕長野市大門町532 ⏰9時〜17時30分 ㊡日曜 ㊜バス停花の小路（善光寺入口）からすぐ Ⓟ表参道もんぜん駐車場利用 MAP P107B3

①所狭しと並ぶ和紙や、みやげに人気の絵ハガキ ②上品な絵柄の一筆箋363円 ③やさしい風合いの和紙80〜1210円が種類豊富に揃う

ch.books

書店に編集室、カフェ営業も

旅とアートをテーマにした新刊本、雑誌、リトルプレスなどを扱っている。古民家を再生した店舗は、吹き抜けを見上げると2階が編集兼デザイン事務所となっている。平日の8時30分〜と土・日曜、祝日の11時〜はカフェも営業。ぜひ立ち寄ってみて。
☎026-217-5687 ⊕長野市南県町1069 ⏰11〜19時（カフェは8時30分〜15時、土・日曜、祝日は〜18時）※変更の場合あり ㊡木曜（カフェは不定休）㊜長野駅から徒歩10分 Ⓟなし MAP P107A4

①ついつい長居をしてしまう居心地のよさが魅力 ②コーヒー400円、スコーン300円でモーニングを満喫

個性的なショップが軒を連ねる門前周辺には、路地裏や小路で営業する店舗も。散策がてら探してみましょう。

信州の「ホッ」を見つけましょう
長野で評判の門前みやげ

長野には信州の伝統的な工芸品や素朴なおいしさがいっぱい。
旅情あふれるみやげを門前で探しましょう。

手彫りの鳩が
ユニーク

鳩の砂糖壺
1万1330円

長野県の県木・白樺で作られた砂
糖入れ。赤い鳩の素朴な表情が人
気。尾の部分はスプーンになってい
るので使いやすさも◎。❶

しっとり生地の
洋風まんじゅう

善光寺 九九福
6個入り 810円〜

花豆あんにシナモンとジンジャーを
効かせ、練乳を練り込んだ生地で
包んで焼き上げている。❷

かわいらしい小物やお菓子をみやげに！

信州みやげの
定番

ピリッとした
味も！

さっぱり風味で
和食の新定番に

七味唐からし
缶入り14g 432円

善光寺の絵が描かれたおなじみの
七味缶。ゆず七味、激辛のBIRD
EYEなどもある。毎年限定発売の
「イヤーモデル」も楽しみ。❸

スパイス・チョコレート
各30g 648円

七味唐辛子で培ってきた焙煎技
術を生かし、各種のこだわりカカ
オ豆から作ったチョコレートとス
パイスを組み合わせたチョコ。❸

梅七味ごま缶
60g 648円

ゴマの中にピリリとした七味と梅の香
りが広がる一品。醤油やソースにプラ
スして、自家製調味料作りをするのも
おすすめ。❸

たけいこうげいてん
❶ 武井工芸店

信州に伝わる伝統工芸品や、伝統を
現代風にデザインした器など、ぬくも
りを感じさせる手作りの作品が揃う。
土蔵造りのギャラリーは見学自由。

☎026-232-4111 住長野市大門町512
🕘9時〜18時30分 休
無休 交バス停善光寺大
門からすぐ Pなし MAP
P107B2

くくやしゅんすい
❷ 九九や旬粋

善光寺の正面にあるみやげ店。善光
寺御公許品や、地元銘菓、そば、粋な
雑貨などがバラエティ豊かに揃う。そ
ばクレープも人気の商品だ。

☎026-235-5557 住長野市元善町486 善
光寺仲見世通り 🕘9〜17
時（変動あり）交無休 交バ
ス停善光寺大門から徒歩5
分 Pなし MAP P107B2

こんげん やわたやいそごろう ほんてん
❸ 根元 八幡屋礒五郎 本店

信州ならではの風味の、辛みと香りの
バランスがとれた独特の七味とうがら
しで有名な老舗。ブリキ缶入りは信州
の家庭には欠かせない定番調味料。

☎026-232-8277 住長野市大門町83
🕘9時〜18時30分 休
無休 交バス停善光寺大
門からすぐ P契約駐車
場あり MAP P107B2

一生モノの洋傘が見つかります

善光寺大本願の裏手にある「三河屋洋傘専門店」。明治10年(1877)創業の老舗の洋傘屋。店内には2500本以上の傘がずらり。一本一本、手作業により製作されている。
☎026-232-2512 **MAP** P107B2

あと引く香ばしさ

味噌の風味と甘さがマッチ

五穀みそおこげ
1袋(100g)540円

米に五穀を混ぜて焼き上げたおこげせんべい。香ばしい味噌の香りがたまらない。米粒の形が残りサクサクした食感。❹

みそチョコレート
1袋(70g)450円

チョコレートにフリーズドライの米こうじみそが練り込まれており、甘みの後にやってくる味噌の塩気がくせになる。❻

地元の伝統的な食材で作ったみやげも!

ほか6種類展開!

大根の甘みとピリ辛みそ

リッチなリンゴの味

まぜまぜおむすび
丸なす赤しそ(90g)453円

善光寺平特産の丸なすにキュウリと赤しそを加え、さっぱり味に仕上げた一品。炊き上がったご飯に混ぜるだけでおいしいおむすびが完成。❺

辛大根おやき
1個 180円

秋冬定番の人気おやき。輪切りにした大根に少し辛みのあるみそをぬって包んだもの。やわらかく煮た大根の食感が特徴的。❺

信州まるごとりんごジュース
160g 1本140円・6本840円

長野県産のふじをメインに使った、無調整、無香料、無加糖のリンゴ100%ジュース。香り豊かで、リンゴの濃厚な甘みがそのまま楽しめる。❻

すやかめ
❹ すや亀

創業120年以上の善光寺門前みその老舗。自慢の「門前みそ」はもちろん、みそを使ったスイーツなどもある。
☎026-235-4022 (代) **住**長野市西後町625
時9〜18時(日曜・祝日は9時30分〜17時30分、12/31は〜16時、1/3〜1/5は〜17時) **休**不定休
交長野駅から徒歩15分
P10台 **MAP** P107B4

このはなや だいもんちょうてん
❺ 木の花屋 大門町店

長野県産の野菜を中心に、国産の野菜を使用。保存料・着色料を使わずに、信州ならではのご飯のおともを製造、販売している。
☎026-252-7001 **住**長野市大門町515
時9時30分〜18時(冬期は〜17時) **休**バス停善光寺大門からすぐ
P1台 **MAP** P107B2

もんぜんのやかたさんやそう
❻ 門前農館さんやそう

地元の農家のお母さんたちが地元野菜を使って信州の郷土料理を提供している。各種の野菜を入れて蒸したおやきも人気商品だ。
☎026-235-0330 **住**長野市大門町518
時10〜17時 **休**無休
交バス停善光寺大門からすぐ **P**なし **MAP** P107B2

「門前農館さんやそう」は、店内で購入した商品をイートインできるテーブルがあるので散策の休憩にもピッタリ。

清涼な空気と緑に包まれる 戸隠高原、神秘の池めぐり

パワースポットとして注目度が高い戸隠。
雄大な自然と清涼な空気に、心が研ぎ澄まされそう…。

戸隠ってこんなところ

深い緑に抱かれた神話とそばの里

峻険な霊山・戸隠山の麓に広がる戸隠高原。野鳥がさえずる森や湿地が点在し、夏は自然散策やキャンプ、冬はスキー客で賑わう。修験道や神話の里として歴史は古く、今も戸隠神社(☞P38)の荘厳な社殿や杉並木にその面影を残す。参拝者が往来した古道を踏みしめた後は、名物の香り高い戸隠そばをぜひ。

問合せ☎026-254-2888(戸隠観光情報センター) アクセス長野駅からアルピコバス戸隠神社中社まで約1時間、戸隠キャンプ場行きでバス停中社大門・戸隠中社まで約1時間、戸隠キャンプ場行きで鏡池入口・森林植物園・戸隠奥社入口まで約1時間10分。※戸隠キャンプ場行きは4月上旬〜12月上旬運行。冬期の運行状況は要問合せ。 広域MAP P104B2

◀▲戸隠神社中社の門前には宿坊や民宿、そば店、特産の竹細工店などが連なる

徒歩すぐ

徒歩40分

1 戸隠森林植物園

遊歩道で快適に森林散策

戸隠神社奥社の参道に隣接する原生林の中に、いくつもの遊歩道を整備。春に最盛期を迎えるミズバショウ園は必見。みどりが池畔の「八十二森のまなびや」も見学を。

☎026-254-2200(八十二森のまなびや) 住長野市戸隠 Y時休入園自由 交バス停森林植物園から八十二森のまなびやまで徒歩3分 P60台 MAP P37A2

八十二森のまなびや Y入館無料 時9時30分〜16時30分 休月曜(祝日の場合は翌日)、11月下旬〜4月下旬は休館 MAP P37B2

ミズバショウの見頃は例年4月下旬〜5月末ごろ

2 鏡池

霊峰を映し出す鏡のような湖面

戸隠屈指の景勝ポイント。静寂のなか、空と戸隠連峰を映し出す青い水面は文字通り鏡のよう。その様子をカメラに収める人の姿が絶えない。湖畔の遊歩道は一周約30分。のんびり散策してみて。

☎026-254-2888(戸隠観光情報センター)

1 時間とともにさまざまな表情を見せる鏡池 2 晩秋から早春には山が白く雪化粧する

住長野市戸隠 Y時休散策自由 交バス停鏡池入口から徒歩30分(バス停からの道は冬期車両通行止め) P50台 MAP P37A2

1

③ かがみいけどんぐりはうす
鏡池どんぐりハウス

絶景のなかでそば粉のガレットを召し上がれ

鏡池のほとりに立つカフェ。そば粉をクレープ状に焼いたガレットが看板メニューで、信州産などの野菜や信州サーモンを使ったガレット2530円が人気。戸隠連峰を望むテラス席もある。

☎026-254-3719 ⓓ長野市戸隠2039-10 ⓣ9〜16時LO ⓧ水曜、6・9月水・木曜、冬期 ⓔバス停鏡池入口から徒歩30分（バス停からの道は冬期車両通行止め） Ⓟ50台 MAP P37 A2

2

①目の前には、圧巻の戸隠連峰が湖面に映る美しい鏡池がある ②バラの花のような盛り付けの信州リンゴのガレット1460円は、ティータイムにいただきたい

徒歩50分

④ ことりがいけ
小鳥ヶ池

小鳥のさえずりが響く落ち着いた池

落葉樹林や湿生植物、野鳥のさえずりなど、周囲の自然とのハーモニーが楽しめる。池を取り巻く木道は一周約20分で歩くことができる。

☎026-254-2888（戸隠観光情報センター） ⓓ長野市戸隠 Ⓨ ⓣ散策自由 ⓔバス停戸隠中社から徒歩15分 Ⓟなし（中社周辺の駐車場を利用）MAP P37B3

▲早朝なら水面が静かで野鳥も多い

徒歩20分　お腹がすいたら戸隠そば ☞P40参照

▲そばざる（中）は1枚4000円

⑤ はらやまたけざいくてん
原山竹細工店

根曲がり竹を使った伝統の竹細工

職人の主人が作る竹製品は、水切れのよいそばざるのほか、籠類など戸隠に古くから伝わるスタイルを受け継いでいる。工房では竹細工体験も可能（要問合せ）。

☎026-254-2098 ⓓ長野市戸隠3393 ⓣ8〜18時（季節により変動あり） ⓧ不定休 ⓔバス停中社大門からすぐ Ⓟ5台 MAP P37B3

🦋 おすすめコース　ぐるり 歩行時間 約2時間

　森林植物園
　　↓ 徒歩3分
①戸隠森林植物園
　　↓ 徒歩40分
②鏡池
　　↓ 徒歩すぐ
③鏡池どんぐりハウス
　　↓ 徒歩50分
④小鳥ヶ池
　　↓ 徒歩20分
　そば店に立ち寄り
⑤原山竹細工店
　　↓ 徒歩すぐ
　中社大門

戸隠 ●戸隠高原 神秘の池めぐり

歴史ロマンの古道をたどって
戸隠神社五社参拝ウォーキング

その歴史は2000年以上も遡るという戸隠神社。
杉並木や古の道に悠久の時を感じつつ、5つの社をめぐります。

戸隠神社って
こんなところ

とがくしじんじゃ

戸隠山の麓に鎮座する奥社、中社、宝光社、九頭龍社、火之御子社の総称。紀元前210年に創建、平安期には修験道の霊場だった。神仏混淆の時代には戸隠山顕光寺と称し栄えたが、明治に入り神仏が分離されると戸隠神社に。一帯には奥社までの参拝路や修験者の道、新潟県まで続く越後路、戦国武将も行き交った軍用路などがあり、その一部が戸隠古道として整備されている。

☎026-254-2001(戸隠神社中社) 🅨 🅢 🅗
参拝自由(奥社・九頭龍社は冬期閉山。中社の宝物館は料金別) (MAP)P37B3

▲杉並木は県の天然記念物。不思議なパワーを求める人の姿も多い

【祭神】
あめのたぢからをのみこと
天手力雄命
【ご利益】
心願成就／スポーツ必勝／五穀豊穣／開運

【祭神】
くずりゅうのおおかみ
九頭龍大神
【ご利益】
水・雨乞い／縁結び／虫歯

おすすめコース

ぐるり
歩行時間
約2時間30分

- 🚩 戸隠奥社入口
  - ↓ 徒歩15分
- 随神門
  - ↓ 徒歩25分
- **1** 奥社
- **2** 九頭龍社
  - ↓ 徒歩40分
- 🚩 戸隠奥社入口
  - ↓ 徒歩30分
- **3** 中社
  - ↓ 徒歩20分
- **4** 火之御子社
  - ↓ 徒歩20分
- **5** 宝光社
  - ↓ 徒歩すぐ
- 🚩 戸隠宝光社

ウォーキングアドバイス

旧来は宝光社から奥社へと参拝していたが、奥社から始めたほうが全体に下り基調で歩きやすい。各社とも入口近くにバス停があるので、歩きに自信がない場合はバス活用を。

1 奥社

おくしゃ

2 九頭龍社

くずりゅうしゃ

険しい"岩戸"の裾に立つ
戸隠の本社と地主神

大鳥居から砂利道を進み、随神門を過ぎると両側に樹齢400年、約300本という杉の巨木が並ぶ。道が狭まり、石段を上りきると奥社が現れる。天ノ岩戸を開いた天手力雄命が祭神。すぐ左に立つ九頭龍社は地主神として祀られてきた神様。

🚌長野駅からアルピコバス戸隠キャンプ場行きで1時間10分、戸隠奥社入口下車、徒歩40分 🅿100台(1日600円) (MAP)P37A2

1 茅葺き屋根の随神門は元の仁王門 **2** 神社として戸隠で最古の九頭龍社 **3** 険しい戸隠連峰に抱かれるように奥社の社殿が立つ

③ 中社 ちゅうしゃ

戸隠五社参拝の拠点

奥社から越後路を使って中社へ。入母屋造りの拝殿では「龍の天井絵」に注目。戸隠信仰に関わる資料を収める宝物館もある。五社のなかで最も規模が大きく、宿坊・民宿やそば・みやげ店もこの周辺に多い。

🚌長野駅からアルピコバス戸隠中社または戸隠キャンプ場行きで1時間、戸隠中社下車すぐ Ｐ100台 MAP P37B3 ※宝物館は入館300円、9時～16時30分（冬期は9時30分～15時30分）、無休（11～3月は木曜休）

▲正面の大鳥居からは急な石段。迂回路もある ▶境内にはご神木の三本杉をはじめ、杉の巨木が立ち並ぶ

【祭神】
天八意思兼命
あめのやごころおもいかねのみこと
【ご利益】
学業成就／商売繁盛／厄除

▶運気向上、金運招福のお守り各1000円

戸隠の神話、天ノ岩戸伝説

大昔、天照大神が弟の素戔嗚尊の乱暴狼藉を嫌って岩戸に籠ってしまうと、この世は暗闇に。そこで神々が集まり、天照大神が岩戸から出るよう策を練る。天八意思兼命の発案で岩戸の外で祭りを行うことに。天鈿女命の器用な踊りで盛り上がる気配に気を引かれ、天照大神がそっと岩戸を開いたところ、すかさず天手力雄命が岩戸を遠くへ投げ飛ばした。落ちた岩戸が戸隠山。

◀拝殿右手にほとばしる「さざれ滝」

▶中社から宝光社まで昔の参拝路「神道」を行く。気持ちのよい林間

徒歩20分

徒歩70分

④ 火之御子社 ひのみこしゃ

技芸をよくする明るい祭神

岩戸の前で舞った天鈿女命が主祭神であることから、芸能全般や縁結びにご利益があるといわれる。境内には「夫婦杉（二本杉）」や、歌人・西行にちなんだ「西行桜」がある。

🚌長野駅からアルピコバス戸隠中社または戸隠キャンプ場行きで55分、戸隠営業所下車、徒歩3分 Ｐなし MAP P37B3

▲境内は無人。ご朱印は参拝後、中社または宝光社へ

【祭神】
天鈿女命
あめのうずめのみこと
【ご利益】
舞楽芸能／縁結び／火除け

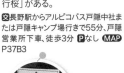

戸隠古道の拓本を集める

戸隠参拝コースなど約30カ所に、丸いレリーフの付いた石柱が設置されている。拓本集印帳は中社の戸隠そば山口屋（☎026-254-2351）で販売、500円。付属のペンシルを横に当ててこすると拓本がキレイに

▲宝光社のみで受けられるおみな守各800円

▲名人・北村喜代松らによる拝殿の彫刻が美しい

⑤ 宝光社 ほうこうしゃ

石段の上に見事な彫刻の社殿が

天表春命は中社の祭神の御子にあたり、女性や子どもの守り神として親しまれている。正面の鳥居から拝殿まで300段近くの急な石段を包む杉木立が美しい。本コースでは石段上に着くが、時間があれば歩いてみたい。

🚌長野駅からアルピコバス戸隠中社または戸隠キャンプ場行きで55分、戸隠宝光社下車すぐ Ｐ20台 MAP P37A4

【祭神】
天表春命
あめのうわはるのみこと
【ご利益】
商工技芸の隆盛／技芸・裁縫／安産

徒歩20分

📖 四角錐状の"柱松"を焚き上げて五穀豊穣や商工技芸を願う「柱松神事」は、戸隠中社で3年ごと開催、次回は2024年6月。

戸隠神社の参拝前後に本場の戸隠そばを召しあがれ

信州でいちばんおいしいそばが育つといわれる戸隠にはこだわりのそば店がたくさん。本場の味を食べ歩いてみよう。

ざるそば 880円

▲新そばさながらの香りやのど越しを堪能できる一品。じっくり寝かせたかえしとだしを合わせたツユも自信作

そばがき 1200円

うずらや そば店
うずらや そばてん

厳寒仕込みのこだわりが生むそば

戸隠屈指の人気店。玄そばが最も成熟する冬の極寒期に一年分のそば粉を石臼挽きして冷凍保存するため、通年で風味豊かなそばが味わえると評判だ。そば粉100%で作るふわふわのそばがきも名物。☎026-254-2219 ⑭長野市戸隠3229 ⏰10時30分〜16時（売り切れ次第終了）⑭水曜（祝日の場合は前日休み。1〜3月は火・水曜連休あり。11月下旬〜12月中旬は休業 ※HPで要確認）⑭バス停戸隠中社からすぐ Ⓟ20台 ⅯⒶⓅP37B3

店内からは中社の古代杉も眺められる

季節のお楽しみ膳 1760円

▲冷たいそば2種と天ぷら、季節の料理などの宿坊料理が用意される

▶宿坊料理を昼用にアレンジした人気メニュー

和の膳 1980円

徳善院蕎麦 極意
とくぜんいんそば ごくい

江戸時代から続く老舗宿坊が営むそば店

「戸隠のそばは本来、食事の席でいただくもの」と、ご主人。ゆえに、昼の膳には宿坊の季節料理と合わせてそばが用意されている。手打ち細切りのそばはなめらかなのど越しで、少し濃いめのツユとよく合う。☎026-254-2044 ⑭長野市戸隠3354 ⏰12〜14時（売り切れ次第終了）⑭不定休 ⑭バス停戸隠中社から徒歩1分 Ⓟ20台 ⅯⒶⓅP37B3

店は宿坊に併設されている趣のある建物

戸隠そばってどんなそばなの？

ルーツは修験者たちの食

戸隠の山々で五穀を絶ち、修業に励む修験者にとって、五穀に数えられないそばは、栄養豊富な食材だった。そんなそばが江戸時代に宿坊で食べられるようになり、やがて戸隠詣でをした人々により全国に評判が広まったと伝えられている。

そばの栽培に適した戸隠

戸隠高原一帯は火山灰土で、年間平均気温が低く、昼夜の寒暖差が激しいことから、実がしまったおいしい玄そばが育つ。

美味しい水も味の決め手

良質の湧水で打ち、ゆで、冷やしたそばは、水切りをせずに独特のボッチ盛りに。甘めのツユと薬味の辛い戸隠大根が付く。

秋の大賑わい 戸隠そば祭り

10月下旬ごろに戸隠神社では戸隠そば献納祭が行われる。お祓いをした神聖なそば粉は戸隠のそば職人が特別なそばに仕上げて数量限定で提供される。☎026-254-2541（長野市商工会戸隠支所）**MAP**P37B3

とろろざる 1150円

▲薬味は辛味大根とネギ

◀細めでのど越しのよいそばが5ポッチ

ざるそば 910円

そばちゃやごくらくぼう

そば茶屋極楽坊

旬の一品料理とそばを味わえる

宿坊そばを伝承する、手打ち細切りのそばを提供している。ざるそばのツユはコクのあるしっかりした味で、そばとのバランスが抜群と評判。また、春の山菜、夏の高原野菜、秋のきのこなど、地元の旬の食材にもこだわっている。地野菜の力強い風味を大切にした天ぷらなどの料理が充実している。

☎026-254-3267 **住**長野市戸隠3611-5 **⏰**10時30分〜17時LO（12〜3月11時30分〜）**休**木曜（祝日の場合は営業）**交**バス停森林植物園から徒歩5分 **P**6台 **MAP**P37B3

囲炉裏の間で食べるそばは趣がある

山菜天ざる 1680円

▲ざるそばに山菜天ぷらが付く。春限定商品

◀しっかりしたコシの手打ちそば

ざるそば 780円

おおくぼのちゃや

大久保の茶屋

江戸時代から続く里山の老舗

四季に合わせたそばと旬のメニューが用意されている。自家製の石臼で挽かれた戸隠玄そばは土・日曜限定5食のみの提供。1日限定10食の、十割と二八そばが同時に食べられる十二八（とには）そばも人気だ。また小盛のそばや、つまみ類も各種用意されている。

☎026-254-2062 **住**長野市戸隠大久保2764 **⏰**10時〜15時30分LO※そばが終わり次第閉店 **休**金曜、第2木曜（12〜2月は木・金曜）**交**バス停大久保からすぐ **P**30台 **MAP**P104B2

バードラインに面して立つ茅葺屋根の一軒家

山の海老天蕎麦（冷）1320円

▲エビが2本と山菜、地の野菜（変更あり）の天ぷらがのった冷たいそば

◀普通盛りでも多めの6ポッチが盛られる

ざる蕎麦 880円

いろりのそばどころ つきやまかん

いろりのそば処 築山館

大きな囲炉裏が見事な、宿坊のそば処

宿坊の築山館に併設するそば処。店内中央に大きな囲炉裏があり、懐かしい雰囲気のなかで、宿坊に伝わる昔ながらの技法で打ったそばを食べられる。石臼で挽いた粉を使った細すぎず太すぎずの中細にこだわったそばと、キリッとしたツユが特徴。季節限定のそばメニューや一品料理も揃っている。人気店なので事前予約しておくと安心だ。

☎026-254-2545 **住**長野市戸隠2348 **⏰**11時〜17時 **休**不定休 **交**バス停戸隠宝光社下車すぐ **P**10台 **MAP**P37B4

店内中央にある大きな囲炉裏が人気席

戸隠地方では、そばを少量ずつ束ねた1盛りを、ポッチという単位で数えます。

ココにも行きたい

長野タウン、戸隠のおすすめスポット

長野タウン
ながのけんりつびじゅつかん
長野県立美術館

2021年にリニューアルオープン

善光寺門前の町並みや、信州の自然と調和した景観をつくり出す「ランドスケープ・ミュージアム」をコンセプトに新築された。本館は企画展やコレクション展示室で、長野県ゆかりの近・現代美術作品を展示。併設の東山魁夷館は収蔵作品970余点を、作品保護のため約2カ月に1回程度の割合で展示替えしている。**DATA**☎026-232-0052 🏠長野市箱清水1-4-4（善光寺東隣）🎫観覧700円（企画展は展覧会ごと異なる）🕘9～17時（展示室入場は～16時30分）🏥水曜（祝日の場合は翌日）、年末年始 🚉バス停善光寺北から徒歩3分 🅿なし **MAP**P107C1

周辺観光地の景観も一緒に楽しめる、公園のような憩いの美術館

東山魁夷館の展示風景

<hr>

column
周辺の歴史散策の後に訪れたい 県内屈指の商店街「権堂アーケード」

善光寺の南に広がる権堂町は、寺社旧跡も多く昔の雰囲気が残る町で、古くから長野県随一の繁華街・歓楽街。メインストリートの「権堂アーケード」には大小さまざまな商店が軒を連ねており、買い物客で賑わっている。**DATA**☎026-232-1967（長野市権堂商店街協同組合）**MAP**P107B3～C3

長野タウン
きたのぶんげいざ
北野文芸座

東京歌舞伎座風の劇場

善光寺の表参道に面して立つ劇場。東京の歌舞伎座を思わせる外観で、曲線が美しい「唐破風」の銅板葺きの屋根を備えている。日本伝統芸能の振興と地域文化の昂揚を願い、北野建設が建築した。役者の息づかいを感じられる劇場だ。**DATA**☎026-233-3111 🏠長野市西後町1625 🎫🕘休公演による 🚉長野駅から徒歩15分 🅿なし（近隣の有料駐車場を利用）**MAP**P107B3

長野タウン
おもてさんどうながのおりんぴっく めもりあるぱーく
表参道長野オリンピック メモリアルパーク

長野オリンピック（1998）感動の跡地

「長野オリンピック」の表彰式会場跡地に整備された公園の一角。五輪マークやミニ聖火台などがあり、撮影スポットとしてもおすすめ。

DATA☎026-224-5053（長野市市街地整備課）🏠長野市問御所町・中央通り沿い 🕘見学自由 🚉長野駅から徒歩15分 🅿セントラルスクゥエア内パーキング **MAP**P107B4

長野タウン
みずののびじゅつかん
水野美術館

信州が誇る画家・菱田春草の作品が充実

横山大観、菱田春草など日本画の巨匠たちの作品 約500点を収蔵。年5回展示替え（うち特別企画展2回）を行う。美しい日本庭園も魅力。**DATA**☎026-229-6333 🏠長野市若里6-2-20 🎫入館1000円 🕘9時30分～17時30分（11～3月は～17時、最終入館は各30分前）🏥月曜（祝日の場合は翌日）、展示替日、1月1日、12月長期休館 🚉バス停水野美術館前下車すぐ 🅿70台 **MAP**P104C3

長野タウン
ながのあいおいざ・ろきしー
長野相生座・ロキシー

国内最古級の映画館

希少な木造建築の映画館。前身は明治25年（1892）に造られた芝居小屋「千歳座」。明治30年（1897）に長野県で初めて活動写真を上映。何度か増改築されているが、建物は築120年以上で、館内は昭和の雰囲気が残る。**DATA**☎026-232-3016 🏠長野市権堂町2255 🕘🏥上映による 🚉長野電鉄権堂駅から徒歩3分 🅿なし **MAP**P107C3

長野タウン
くにさだちゅうじのはか
国定忠治の墓

権堂は国定忠治ゆかりの地

江戸時代後期の侠客として有名な国定忠治は、上州出身で権堂村在住の島田屋伊治治の友人で、権堂をたびたび訪れたという。秋葉神社には忠治の遺骨を群馬県から分骨して納めたといわれる墓がある。**DATA**☎026-232-7013（秋葉神社）🏠長野市権堂町2231 🕘見学自由 🚉長野電鉄権堂駅から徒歩3分 🅿なし（周辺有料駐車場を利用）**MAP**P107C3

長野タウン
いむらやいしどうてん
いむらや石堂店

ときどき食べたくなる 長野市民のソウルフード

長野中央通りを一本入った路地にあるラーメン店。名物は、普通盛りでもボリューム満点で、パリパリの麺に野菜たっぷりのあんがのる焼きそば620円とシュウマイ450円。ランチタイムは地元の常連客で賑わっている。**DATA**☎026-226-2238 🏠長野市南長野南石堂町1423 🕘11～20時 🏥木曜 🚉長野駅から徒歩8分 🅿なし **MAP**P106B3

長野タウン

戸隠そば山故郷
（とがくしそばやまざと）

戸隠伝統の技で打つそばを味わえる

「戸隠宿山里」が経営するそば店。毎日丹念にそばを打って提供しており、打ちたての戸隠そばを堪能できる。店内はモダンな造りで、女性客にも人気。天ぷらざるそば1500円が好評。(DATA)☎026-234-8030 住長野市鶴賀問御所町1200 TOiGO SBC2階 ⏰11時〜15時30分LO、17時〜18時30分LO 休不定休 交長野駅から徒歩10分 PTOiGOパーキング利用（2000円以上で1時間無料）(MAP)P107B4

長野タウン

寿ゞき園茶店
（すずきえんちゃてん）

お茶屋ならでは濃厚抹茶ソフトが評判

お茶屋さんの一角で販売しているお抹茶ソフト345円が、ソフトクリームというより冷たい抹茶を食べているような濃厚な味わいで評判を呼んでいる。ほかにもミルクやミックスなどがあり、店内でも味わえる。食べ歩きにもぜひ。(DATA)☎026-226-3452 住長野市南千歳2-5-4 ¥9〜中200円（ソフト販売は11〜18時、季節により変動あり）休水曜 交長野駅から徒歩5分 Pなし (MAP)P106B3

長野タウン

風の館
（かぜのやかた）

日々をさり気なく彩る和雑貨をみやげに

善光寺の仲見世通りにある和雑貨店。商品は季節により異なり、素朴な味わいの手作りおもちゃなども揃っている。ちりめん風の生地が気持ちいいお手玉1個200円や、6種類ある愛らしい表情の猫の置物（陶器）1650円などが人気。(DATA)☎026-235-2620 住長野市元善町486 ⏰10〜17時（季節により変動あり）交バス停善光寺大門から徒歩5分 休無休（臨時休あり）Pなし (MAP)P107B2

戸隠

鷹明亭辻旅館
（おうめいていつじりょかん）

戸隠の宿坊に泊まって蕎麦会席

随所にそばをちりばめた、創作和食の蕎麦会席

戸隠中社・宝光社に連なる宿坊の一つ。四季を感じる風雅な館内に、庭園を眺める和室、和洋室などさまざま。自慢は蕎麦会席。主人が戸隠在来種そば粉で打つそばをメインに、そば粉と季節の食材を調理した創作和食が次々に供される。(DATA)☎026-254-2337 住長野市戸隠3360 ¥1泊2食付平日・休前日とも1万6500円 ⏰IN15時、OUT10時 休不定休 交長野駅からアルピコバスで1時間、中社大門下車、徒歩2分 P10台 全12室（和11室、和洋1室）1905年開業 内湯男女各1 (MAP)P37B3

戸隠

THE KOKONOE レストラン
（ざ ここのえ れすとらん）

土地の恵みをそのままに

完全予約制のレストランで家庭菜園や地産の旬の野菜を使用した、新鮮でバリエーション豊かな料理が評判。体と心をメンテナンスするリトリートステイもできる。(DATA)☎なし 住長野市戸隠豊岡327 ¥ランチ4500円、ディナー8000円 ⏰ランチ11時30分〜、ディナー18時〜19時 休不定休 交バス停上野から徒歩7分 P10台 (MAP)P37B4

平安時代からの宿坊で旅館としても100年以上。館内には神殿を祀る

---

column
おやきってどんな食べ物？ あんとバリエーションを楽しもう

信州名物のおやきは、北信地方、安曇野地方が発祥といわれ、縄文時代にその原型が見つかっている。もともとは、小麦粉やそば粉などを水で溶いて練り、薄くのばした生地で、小豆や野菜などで作ったあんを包んで焼くことから「御焼き」といわれていた。現在は、本来の作り方で囲炉裏の上の焙烙で焼く「焼き」蒸し器で蒸かす「蒸かし」、油で揚げた後焼いたり蒸かしたりする「揚げ焼き」や「揚げ蒸かし」、焼いてから蒸し器に入れる「焼き蒸かし」など、地域やそれぞれの店により作り方がいくつかある。また、中に入れるあんも、野沢菜、小豆、カボチャ、きのこ、ナス、切り干し大根などのほか、トマトなどの変わり種もあるので探してみて、いろいろ味わってみるのがおすすめだ。

囲炉裏でおやきを焼く

長野タウン

OYAKI FARM by IROHADO
（おやき ふぁーむ ばい いろはどう）

おやきの文化にふれるニュースポット

おやき作りの体験も可能な、おやき文化の発信拠点が誕生。国内最大級のおやき工場で、見学通路から製造過程が見られるほか、ショップやカフェも併設する。(DATA)☎026-214-0410 住長野市篠ノ井杵淵7-1 ⏰9時30分〜18時（冬期変動あり）休不定休※HPで要確認 交上信越道長野ICから車で2分 P40台 (MAP)P104C3

これしよう！
レトロかわいい
町並みをお散歩
栗の小径をはじめ、懐かしさや歴史を感じるところがいっぱい（☞P46）。

これしよう！
北斎ゆかりの
スポットへ
髙井鴻山の依頼を受け、北斎が手がけた上町の祭り屋台の天井絵は必見（☞P46）。

これしよう！
栗のみやげと
スイーツを満喫
栗おこわ、モンブラン、栗ようかんなど、トコトン栗三昧を（☞P50〜51,P54〜55）。

懐かしい町並みとアートと栗がお出迎え

小布施
おぶせ

小布施栗の収穫は9月中旬〜10月中旬ごろ

こんなところ

葛飾北斎をはじめ、多くの文人墨客を魅了した町。歴史や文化にふれられる北斎ゆかりのスポットや、さまざまな美術館も見ごたえ充分。特産の小布施栗を使ったグルメやスイーツ、季節それぞれの花景色や一般公開されるオープンガーデンなど、奥深い魅力がギュッと詰まっている。

access

●長野駅から
長野電鉄特急で小布施駅まで約25分
上信越自動車道小布施スマートIC（ETC専用）から県道343号、国道403号経由で約2km、信州中野ICから県道29号、国道403号経由で約5km

問合せ
☎026-214-6300
小布施文化観光協会
☎026-247-3111
小布施町役場代表
広域MAPP104C2

～小布施　はやわかりMAP～

まずは小布施駅の
総合案内所へ
観光案内をしてくれ
るスタッフも常駐。パ
ンフレットも充実。

町中に点在する
紙芝居に注目
町を歩きながら、小布
施にまつわる話や歴
史にふれられる。

5 桜井甘精堂
栗の木テラス
（☞P50）

2 小布施
鈴花
（☞P57）

おぶせミュージアム・
中島千波館

オープンガーデンで
おもてなし
一般に公開されてい
る、自宅や店の庭めぐ
りを楽しんで。

日本のあかり博物館
桝一市村酒造場

1 北斎館
（☞P46）

4 小布施堂
本店（☞P54）

3 高井鴻山記念館（☞P47）

長野電鉄

須坂市

0　　300m　N

観光のヒント
春〜秋の名所巡りは
おぶせロマン号が便利
主な名所を巡る周遊バス。12〜3
月を除く土・日曜、祝日及び行楽
期の平日のみ1日7便運行。1日周
遊券500円（☞折込地図）。

小布施

↓長野駅へ　↓須坂市街へ

おすすめコースは
5時間 🕐

国道403号の中町南〜中
町交差点、北斎館の周辺
に観光スポットやみやげ店
が集まっている。賑やかな
エリアだけでなく、裏道の
散策もおすすめ。栗の木の
ブロックの道はヒールでは
歩きづらいのでご注意を。

スタート		1 見る		2 食べる		3 見る		4 買う		5 カフェ		ゴール
長野電鉄小布施駅	▶ 徒歩12分	北斎館	▶ 徒歩6分	小布施鈴花	▶ 徒歩6分	高井鴻山記念館	▶ 徒歩1分	小布施堂本店	▶ 徒歩2分	桜井甘精堂栗の木テラス	▶ 徒歩7分	長野電鉄小布施駅

栗グルメをいただきながら
北斎が愛した小布施の街をぶらり

昔ながらの瓦屋根や土色の壁の建物が並ぶ町並みは、心がほっと癒やされます。
北斎や鴻山が過ごした時代に思いを馳せながら、そぞろ歩きを楽しんで。

力強い色彩と
迫力に圧倒！

12基の祭り屋台と
その天井絵を展示
している **2**年に数
回展示替えを行い、
さまざまな企画展を
している **3**肉筆展
示室も時期ごとに
収蔵品を入れ替え
展示している

ミュージアムグッズをチェック

北斎の作品『菊』
のポストカードと
ボールペンのセ
ット440円

メモ帳550円。北斎漫画の雀踊りが
パラパラ漫画で楽しめる

冨嶽三十六景
の赤富士が
A5サイズのク
リアファイルに。
430円

徒歩
すぐ

ほくさいかん
北斎館 📷

北斎の奥深い魅力を再認識

江戸時代後期に活躍した浮世絵師・葛飾
北斎の美術館。ここに来ると肉筆画から錦
絵、版本にいたるまで北斎の幅広い作風
や技術に驚かされる。髙井鴻山の庇護のも
と、晩年を小布施で過ごした際に描いた祭
屋台の天井絵も。北斎の人生や作品を解
説した映像も見ておきたい。定期的に企画
展も開催しているので事前に確認を。

☎026-247-5206 ⓗ小布施町小布施485
ⓨ入館1000円 ⓣ9～17時（1月1日10～15時）※
入館は閉館の30分前まで ⓚ12月31日（臨時休館
あり）ⓧ長野電鉄小布施駅から徒歩12分 ⓟあり
（有料）MAP P108B4

栗の小径
くりのこみち

栗の木のブロックが
敷き詰められている
ことから栗の小径と
名付けられた。ゆっく
りと歩きながら、小
布施らしい風情に浸
りたい。MAP P108B4

髙井鴻山記念館と北斎館を結ぶ遊歩道。木
のぬくもりとやわらかな感触が足にやさしい

歴史ある
髙井鴻山
ゆかりの寺へ

文化サロンとして鴻山がたびたび訪れていた『祥雲寺』。鴻山の墓所のほか、愛用の大筆や籠なども残る。地元作家が15畳敷きの本殿に描いたという天井画『心字毘沙門龍図』も必見。
☎026-247-3256 **MAP**P108A4

陣屋小路 (じんやこうじ)

元禄14年～正徳5年(1701～1715)の間、幕府領として代官所(陣屋)が置かれていた場所。
MAPP108A4

道の約100m西側に46坪ほどの陣屋があった

徒歩2分

タイムスリップしたみたい

徒歩すぐ

栗おこわは外せません♪

コレもおすすめ

栗あんしるこ 693円
栗餡だけを使用。栗の味も香りも濃厚!

▲食事処は2階 ◀郷土食を楽しみたいなら栗おこわ山家定食2310円。アップルワインまたはジュース付き

竹風堂 小布施本店 (ちくふうどう おぶせほんてん) 🍴

創業130年以上の栗菓子の老舗

昭和47年(1972)の発売以来、大人気の栗おこわ。栗の甘みが広がるやさしい味で、ホクホク感も絶妙。ニジマスの甘露煮やむかごなど、郷土の味も楽しんで。1階では、どら焼山やきんつば山などのみやげを販売。

☎026-247-2569 🏠小布施町小布施973 🕐8～18時、飲食は10時～17時30分LO 🗓1月1日と年1回臨時休業あり 🚉長野電鉄小布施駅から徒歩8分 🅿70台 **MAP**P108A4

①記念館の正門。中には200年来の日本建築や蔵がある ②当時の趣を残した中庭は山野草や紅葉が見事 ③展示室には肖像画や晩年に力を注いだ妖怪画が展示されている

髙井鴻山記念館 (たかいこうざんきねんかん) 📷

髙井鴻山のルーツにふれる

徒歩すぐ

場内中央の趣深い2階建ての建物が、鴻山の書斎兼サロンの翛然楼。幕末の志士や北斎をはじめ多くの文人墨客が訪れ、熱い議論を交わしたという。蔵を改修した展示室には、鴻山の遺墨遺品や師友、北斎、象山、星巌、海屋、岸駒、岸岱らの作品を展示。

☎026-247-4049 🏠小布施町小布施805-1 🈸入館300円 🕐9～17時(7・8月は～18時) 🗓12月29日～1月3日 🚉長野電鉄小布施駅から徒歩10分 🅿5台 **MAP**P108A4

お散歩スイーツはこちら

くりあげまんじゅう
1個140円

かふぇさくら
カフェ茶蔵

☎026-247-5601 🕐9時30分～16時30分 🗓月・火曜 🅿9台 **MAP**P108A3

マロンプリン&マロナップリン
各400円

まろなっぷる
マロナップル

☎026-247-5861 🕐10～17時 🗓水曜(祝日の場合は営業) 🅿5台 **MAP**P108A4

📖 髙井鴻山は、飢饉の際の窮民の救済、私塾の開設など小布施への貢献も大きく、地元住民にも敬われています。

小布施 ● 北斎が愛した小布施をぶらり

北斎と鴻山からはじまった 小布施のアートをめぐりましょう

芸術を愛する風土が育まれた小布施には美術館がいっぱい。
多彩なコレクションを通して、さまざまな美術や文化にふれられます。

おぶせみゅーじあむ・なかじまちなみかん

おぶせミュージアム・中島千波館

小布施ゆかりの作家の豊かな感性が集結

小布施で生まれた現代日本画家・中島千波や、同じく小布施出身の金属造形作家・春山文典の作品などを収蔵。江戸から明治期に作られた5台の祭り屋台も必見。

☎026-247-6111 俄小布施町小布施595 ¥500円 ⏰9〜17時 休水曜(9〜11月は開館。臨時休館あり)、年末年始 交長野電鉄小布施駅から徒歩12分 P20台 MAPP108B3

1 作品は季節に合わせて年に5〜6回入れ替えを行う 2 春山文典の作品 3 屋台蔵では、小布施の伝統文化財である祭り屋台5台を収蔵展示。さまざまなテーマで行う企画展示室もある

ミュージアムグッズもチェック

絵はがきから版画まで、さまざまな商品を取り揃えている

ここでひと休み

ミュージアムカフェ

館内にあるミュージアム・カフェでは、注文を受けてから1杯ずつ入れるコーヒーや紅茶、小布施のリンゴジュース、小布施牛乳などを提供している。

▲売店に併設する
◀ハンドドリップのコーヒー300円

ちいさなくりのきびじゅつかん

小さな栗の木美術館

庭園に囲まれたミニ美術館

桜井甘精堂が運営する食事処の泉石亭(☞P56)の敷地内に立つミニギャラリー。主に日本人画家の作品を展示。

☎026-247-5166(桜井甘精堂 泉石亭) 俄小布施町小布施(桜井甘精堂 泉石亭敷地内) ¥無料 ⏰10時30分〜17時 休火曜(冬期の積雪時は閉館) 交長野電鉄小布施駅から徒歩7分 P5台 MAPP108A3

大正から昭和にかけて活躍した日本人画家を中心に、七代目桜井佐七氏の個人的コレクションを展示しているこぢんまりしたギャラリー

美しく手入れされた庭園の奥に、蔵を改修して作られた無料で入れる美術館

にほんのあかりはくぶつかん
日本のあかり博物館

あかりの歴史や工夫を学ぶ

江戸時代の燭台や明治時代のランプなど、和製灯火具約1000点を展示。あんどん・ぼんぼりなどの明るさを比較体験するコーナーも人気。

☎026-247-5669 🏠小布施町小布施973 ¥入館500円 ⏰9〜17時（11月21日〜3月20日は9時30分〜16時30分）休水曜（祝日の場合は開館、年末年始、8・10・11月は無休、臨時休館あり）🚃長野電鉄小布施駅から徒歩8分 🅿竹風堂の駐車場利用 MAP P108A4

ミュージアムグッズもチェック

ねずみ短檠やめでた尽し鉄あんどんがプリントされた絵はがき12枚セット600円

1 再現展示室では、和ろうそく屋を再現 2 油を灯すための灯台や油搾りの道具など、江戸末期からから明治中期に使われた灯火具を展示 3 あかりの移り変わりを展示した博物館 4 常設展示室に展示されているねずみ短檠（たんけい）4 常設展示室に展示されているふぐちょうちん

ことうじこれくしょん　りょうあん
古陶磁コレクション 了庵

古陶磁の魅力を感じてみよう

伊万里焼を中心に古陶磁を年代順に展示。触れながら年代の違いを体感できる。喫茶や販売コーナーもある。

☎026-247-5866 🏠小布施町小布施88-3 ¥入館300円 ⏰10〜17時 休水曜（祝日の場合は開館）🚃長野電鉄小布施駅から徒歩10分 🅿5台 MAP P108B3

近年ヨーロッパから里帰りした皿「色絵牡丹文皿（いろえぼたんもんさら）」。17世紀後期に作られたものだと考えられている

観音通りにある蔵作りの外観の了庵。店内にはカフェスペースが併設され、かつて使っていた陶磁器などの販売もしている

📖 小布施歴史民俗資料館（MAP P108B1）では、江戸時代から大正期にかけての生活用具を展示しています。

散策途中のひと休みは
栗スイーツのおいしいカフェへ

大人気のモンブランからロールケーキ、おしるこ、あんみつまでいろいろ。
和から洋までバラエティに富んだ栗スイーツをいただきましょう。

こちらも
おすすめ
栗ロール
460円

✤
モンブラン
520円
自家製の栗餡をふんだんに使った栗菓子屋ならではの風味豊かな味

さくらいかんせいどう くりのきてらす
桜井甘精堂 栗の木テラス

紅茶とケーキで優雅なティータイム

西洋風のクラシカルな店内で味わえるのは、懐かしさも漂うオーソドックスな手作りケーキ。なかでも、こちらを訪れる多くの人のお目当てがモンブラン。常時15種類以上揃うポットサービスの紅茶と合わせて、ゆっくり味わって。

☎026-247-5848 住小布施町小布施784 ⏰10〜17時LO 休水曜(祝日の場合は営業) 交長野電鉄小布施駅から徒歩7分 P60台(有料、サービス券あり) MAP P108A3

1アンティーク家具が上品な雰囲気を演出 2建物は、信州に点在する教会をイメージ

こちらも
おすすめ
ピュイダムール
マロン
580円

✤
ロント
650円
チョコレートクリームと栗入り。チョコレートのほろ苦さと栗が相性抜群

ぱてぃすりー ろんと
パティスリー ロント

奥深さが魅力の正統派フランス菓子店

店の中には、ケーキ、焼き菓子、チョコレートなど、色とりどりのフランス菓子が並ぶ。東京やフランスの有名店で長年キャリアを積んだオーナーが作ったスイーツは、どれもが深い味わいと評判だ。店内でゆっくり味わえるのもうれしい。

☎026-247-2057 住小布施町中町534 ⏰10〜18時(土・日曜、祝日は〜17時) 休月・火曜 交長野電鉄小布施駅から徒歩10分 P8台 MAP P108B3

1パリの街角にあるようなたたずまい 2イートインコーナー(2024年1月現在お休み中)

小布施の栗はなぜ有名？

扇状地、弱酸性の土壌など栗に適した条件が整っている小布施。生産量は決して多くはないが、大粒で甘みが強いことで人気。老舗の和菓子店による栗菓子の豊富なバリエーションも認知度アップに貢献！

こちらもおすすめ
栗あんしるこ
750円

÷
栗々クリームあんみつ
980円
栗みつ寒天と特製栗あんのあんみつ。濃厚な栗の風味が広がり絶品

こちらもおすすめ

小布施栗の
マロンパイ
850円

÷
小布施栗とリンゴのタルト
850円
自社農園の栗とリンゴを使用した贅沢なタルトは定番人気

ほくさいてい
北斎亭

和の空間で栗おこわと和洋の栗スイーツを

北斎館の隣に立つ白壁造りの和風の建物。併設の喫茶スペースで、桜井甘精堂のようかんやマロンシュー、栗の甘味などが楽しめる。栗おこわをセットにした定食メニューもあるので、いろんな使い方ができそう。

☎026-247-5740 住小布施町小布施上町810-3 ⏰9時〜16時30分LO（売店は〜17時）休木曜 交長野電鉄小布施駅から徒歩10分 Pなし MAPP108A4

■1 1階の喫茶スペース。2階席もある ■2 店先で栗ソフトクリーム450円を販売（季節限定）

つむぎ かふぇ
TSUMUGI CAFÉ

自社農園を持つカフェのこだわりスイーツ

小布施駅前にあるシックで落ち着けるカフェ。自社農園産のフルーツを使ったスイーツが揃う。小布施栗とリンゴのタルトや小布施栗のマロンパイなどが人気。カレーやパスタなどのフードメニューもあり、軽めのランチにもおすすめ。

☎026-214-3915 住小布施町小布施町小布施1499 ⏰12〜17時 休火・水曜 交長野電鉄小布施駅からすぐ P6台 MAPP108B1

■1 外を眺められるカウンター席も ■2 駅前にあるので電車の時間に合わせてお茶ができる

レトロな町並みに溶け込む
おしゃれリノベカフェでほっこり

建物の刻んできた歴史を大切に生かしながら、リノベーションしたカフェ。
温かみがあって居心地のよい空間でほっこりしましょ。

▲梁や高天井が見事な奥の空間には、ゆったりくつろげるソファ席が2席

くてん。ふるーつあんどけーき
KUTEN。fruit&cake

旬の味覚をランチやスイーツで味わえるリノベカフェ

もとは小布施町が運営するみやげ物店と蕎麦店だった建物をリノベーションしてできたカフェ&パティスリー。店頭に並ぶ、常時8〜10種類ほどの1ホールで作られるタルトのほか、こだわりの焼き菓子や、ランチメニューも充実している。

☎026-214-2849　🏠小布施町雁田604　🕐10〜17時(売り切れ次第終了)、カフェ11〜17時(16時30分LO)　🈺月曜　🚃長野電鉄都住駅から徒歩15分　🅿15台　📍MAP P108C1

▲外の景色が楽しめる大きな格子窓から四季を楽しむ

▶小布施の町の魅力が伝わるような厳選されたメニューが揃う

▶本日のキッシュランチ1500円。季節の野菜がたっぷり。選べるメインに3種のデリとスープ、ドリンクが付く

◀コーヒー生地を使った大人の味の「モンブランタルト」1ピース700円

小布施の レンタサイクル

小布施駅周辺では、町営松村駐車場☎026-247-5168（MAP P108C4）、町営森の駐車場☎026-247-6572（MAP P108B4）、小布施駅などにある（2時間400円、冬期は利用不可）。☎026-214-6300（小布施文化観光協会）

かふぇ あんど まるしぇ いちにい

cafe & marché ichinii

旬の恵みを感じられる憩いの場

築100年以上の古民家をリノベーションし、お店のコンセプトである「12」の季節や時のめぐりを感じられるような空間に蘇らせた。店内にはカフェ、アトリエ、マルシェがあり、カフェでは長野の旬の恵みを、アトリエでは建築、花、スイーツなどの多彩なワークショップを展開するなど、さまざまな楽しみ方ができる。

☎026-285-9637 🏠小布施町小布施中町1108 🕙10〜17時（16時30分LO）🈳火曜 🚃長野電鉄小布施駅から徒歩7分 🅿なし
MAP P108A3

▶店内の土壁や、梁はそのまま残し、過去、現在、未来へとつなぐ建物にという店主の思いが込められている

▶京都の老舗「芳香園」の茶葉と小布施牛乳を使用した抹茶ラテ590円

▲濃厚かつ甘みが強い小布施産栗ペーストを100%使用した栗パフェ1780円はお店の看板メニュー

しーかふぇ あんど ざっか

C cafe & zakka

ゆっくり深呼吸して、五感を研ぎ澄まして味わう時間

築100年以上の古民家をリノベーションしたオープンシェアスペースの1階にある、雑貨やアパレル商品も扱うカフェ。店主が一番好きな数字の「3」にちなみ、アルファベットの3番目である「C」を店名に。シンプルで親しみやすい名前が印象的だ。こだわり食材のランチやスイーツは絶品でリピーターも多い。

☎なし 🏠小布施町小布施1004 🕙11〜16時（15時30分LO）🈳火・水曜 🚃長野電鉄小布施駅から徒歩8分 🅿3台（臨時2台）MAP P108A4

◀看板メニューのハンバーガー1400円（サラダバーとドリンク付き）。肉は手こねで1つずつこね、中には粒マスタード、さらにはうま味が増す隠し味が

▼テーブル席のほかお座敷席もあるので小さい子ども連れにもやさしい

▶小布施町の谷脇街道沿いにある元仕立て屋の建物をリノベーションした店舗

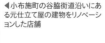

▶アールグレイの茶葉が香るベイクドチーズケーキ（デザートは時期・タイミングで変更あり）

名産の栗を使った
おいしいおみやげをお買いもの

多彩な栗菓子を生み出し続けている小布施の和菓子店。
伝統の一品からアイデアを盛り込んだ商品までいろんな味が楽しめます。

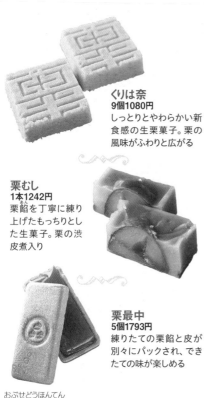

くりは奈
9個1080円
しっとりとやわらかい新
食感の生栗菓子。栗の
風味がふわりと広がる

栗むし
1本1242円
栗餡を丁寧に練り
上げたもっちりとし
た生菓子。栗の渋
皮煮入り

栗最中
5個1793円
練りたての栗餡と皮が
別々にパックされ、でき
たての味が楽しめる

純栗もなか
1個249円
皮の香ばしさと栗餡の甘
さがマッチ。ぽってりとした
栗の形もかわいい

10月〜5月初旬
限定販売

ひとくち栗かの子
1缶540円
栗と砂糖だけで仕上
げた栗きんとん。栗の
おいしさを堪能できる

純栗ようかん
1本1491円
材料は栗、砂糖、寒
天のみ。しっかり練
られた固めの食感

おぶせどうほんてん
小布施堂本店

小布施を代表する栗菓子の名店

伝統を受け継いだ栗菓子や季節替わりの生菓子など、
小布施堂の商品が勢揃い。売店奥に併設された食事
処と喫茶で栗菓子や季節の和食を味わうこともできる。

☎026-247-2027 住小布施町
小布施808 ◯9〜17時(喫茶は
10〜16時、食事は11〜15時) 休無
休 交長野電鉄小布施駅から徒歩
10分 Ｐ20台 MAP P108A4

店内には栗菓子や季
節の菓子が並ぶ

さくらいかんせいどう・ほんてん
桜井甘精堂・本店

200年以上の歴史を誇る栗菓子の先駆け

文化5年(1808)の創業以来、伝統の味を守りながら、
新しい栗菓子を作り続けている。栗のフィナンシェや
パイなどの洋菓子も含めた全商品が揃う。

☎026-247-1088 住小布施町
小布施774 ◯8時30分〜17時
休無休 交長野電鉄小布施駅から
徒歩7分 Ｐ5台 MAP P108A3

店先には休憩に最適
なテラス席もある

小布施堂のモンブランとベストマッチなコーヒーの贅沢な組み合わせ

栗菓子の名店・小布施堂の「モンブラン朱雀」と、高品質のコーヒーを提供するミカフェートが「モンブラン朱雀」に合うコーヒーを開発。モンブランセット2000円が楽しめる「カフェえんとつ」にぜひ。
☎026-247-7777 **MAP** P108A4

まんまる栗バウム
1個238円
しっとりとしたバウムの中に、栗粒と自家製栗餡を贅沢にまんまるく包んでいる

くまさんもなか
1個324円
熊の形をしたパリパリのモナカの皮に、自家製栗餡を詰めて食べる

初栗
1個238円
カステラ風生地で甘露煮と栗餡を包んだホイル焼き。抹茶味もあって中身は小豆餡

おくりさん
8個2410円〜
小布施栗を使った栗きんとんの茶巾しぼり。栗のツブツブと自然な甘味が絶妙

9月下旬〜10月末 限定販売

おとめ栗
1本1500円
栗の甘露煮がぎっしり。栗の中によようかんが挟まれているよう

くりあんふうみどう
栗庵風味堂

国産栗と昔ながらの手法にこだわり

創業150年以上の和菓子店。工夫を凝らした栗菓子は、さまざまな大会の受賞歴も多数。人気キャラとのコラボ商品もあり、カフェも併設している。

☎026-247-3090 **住**小布施町小布施414 **営**9〜17時 **休**元日 **交**長野電鉄小布施駅から徒歩10分 **P**3台 **MAP** P108A4

カフェでは栗づくしソフトなどのスイーツを

おぶせ いわさき
小布施 岩崎

食材の持ち味を生かしてひとつひとつ手作り

現在は5代目が営む創業約150年の和洋菓子とパンの店。栗の仕込みから包装まで、すべて手作業。売り切れが早いので、お目当ての商品は予約がおすすめ。

☎026-247-2200 **住**小布施町小布施620-1 **営**10〜17時（日曜は要予約で〜13時）**休**水曜 **交**長野電鉄小布施駅から徒歩15分 **P**4台 **MAP** P108C3

パンが焼き上がる11時ごろが狙い目

小布施栗や地元の野菜や果物を買うなら、6次産業センター（**MAP** P108C2）がおすすめ。オブセ牛乳で作ったソフトクリームも人気です。

小布施や近隣の町々で育まれた
旬の味覚をいただきます

地元でとれた野菜をはじめ、新潟が近い小布施は魚介もおいしいのです。
周りに広がる景色や空間も楽しみながら、体の中から満たされるランチタイムを。

日本庭園も見事です

趣ある店内で味わう小布施の栗おこわ

さくらいかんせいどう せんせきてい
桜井甘精堂 泉石亭

小布施の旧家・高津邸跡にある食事処。歴史を感じる日本庭園を眺めながら、名物の栗おこわを味わいたい。厳選した食材と、老舗の醸造所で作られた調味料を使い、素材本来の味を最大限に引き出したやさしい味わいのメニューにファンも多い。

☎026-247-5166 住小布施町小布施779 ⏰10時30分〜17時LO 休火曜 交長野電鉄小布施駅から徒歩7分 Ｐ9台
MAP P108A3

こちらもおすすめ

冷やしきのこおろしそば
990円
信州産のきのこがのった風味豊かな手打ちそば

❶ケヤキをふんだんに使った総木造建築の建物 ❷季節で表情を変える庭も望める

甘精堂御膳（海老天）3040円。栗おこわと手打ちそば、エビの天ぷら、旬の野菜を使った小鉢などが付く人気の御膳

コース最後のお楽しみ♪

懐かしのくつろぎ空間でカジュアルフレンチ

ふらんすしょくどう う゛ぁんう゛ぇーる
フランス食堂
ヴァンヴェール

信州とフランスの食材を使い、フランスの片田舎にあるレストランをイメージした、どこか懐かしい雰囲気の店。カジュアルスタイルながら本格的なフレンチが食べられる。

☎026-247-5512 住小布施町小布施34-8 ⏰11時30分〜16時、18〜20時LO（14〜16時はカフェタイム、ディナーは完全予約制）休不定休 交長野電鉄小布施駅から徒歩10分 Ｐ8台
MAP P108B4

ディナーのBコース4730円。オードブルから前菜までメニューを選べるプリフィクススタイルなのもうれしい ❶盛り付けも美しいデザートもしっかり味わいたい ❷晴れた日はテラス席でランチをぜひ

こちらもおすすめ

ガレット
1280円
旬の野菜がたっぷりとのった、そば粉のガレット。ランチタイム限定の味

栗だけじゃない！ "小布施丸なす"という 信州伝統野菜も

小布施の一部の地域で明治時代から栽培されていた小布施丸なす。最近、信州の伝統野菜として認定され話題に。旬は夏～10月上旬ごろ。肉厚で特大サイズなのが特徴。収穫量は少ないので出合ったらぜひお試しを。

小布施 ● 旬の味覚のおいしい店

日本が誇る四季折々の美と味わいを心ゆくまで

おぶせ すずはな
小布施 鈴花

JR九州新幹線などのデザインで知られる水戸岡鋭治がすべての空間を手がけた和食店。趣深い贅沢な雰囲気のなかで提供される料理は、一口ごとに季節を感じられる。大きさもさまざまな個室があるのでシーンを合わせて利用を。

☎026-247-6487 住小布施町小布施102-1 ⏰11時30分～14時（夜は完全予約制）休水曜（祝日の場合は翌日）交長野電鉄小布施駅から徒歩12分 P30台 MAP P108B3

❶懐かしい雰囲気を演出した大広間「松」。1部屋ごとに趣が変わる個室もステキ❷100年以上の時を感じさせるたたずまい。カードは使用不可

栗シーズンの特別懐石「鈴」6600円（写真は一例）。先付、お椀、八寸、食事、デザートまで楽しめる

豆富創作料理のコースは1000～2500円。南信州の郷土料理である五平餅も！写真は2500円（参考）

大豆をまるごと使った豆富を味わい尽くす

やくしどうふ まめや
薬師豆富 まめ家

「大豆まるごと豆富」を使い、さまざまな豆富料理を考案。大豆を粉砕してまるごと使うため、大豆本来のうま味や甘みが楽しめる。濃厚なコクとなめらかな舌ざわりに驚く。

☎026-247-6706 住小布施町雁田821-10 ⏰11時30分～14時30分LO、18～20時LO（夜は予約のみ）休木曜の夜、水曜 交長野電鉄小布施駅から車で5分 P10台 MAP P108C2

❶店内の窓からは浄光寺の境内が眺められる❷新潟の豪雪地帯の建物の造り。雁田山のふもとに立つ

じものや ゆら
地もの屋 響

地元のおいしい旬素材をカレーやグラタンで

創業時から愛される、長野県産福味鶏から時間をかけてとったスープを使った小布施蔵カレーや、オブセ牛乳で作ったあつあつグラタンなど、地元の素材を堪能できる。地元産のクラフトビールも楽しめる。

☎026-247-6911 住小布施町小布施89-3 ⏰11時30分～14時30分LO、17時30分～21時LO 休日曜の夜、月曜（祝日の場合は翌日）交長野電鉄小布施駅から徒歩15分 P4台 MAP P108A4

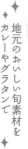

長野県内7カ所の地ビールを提供

小布施蔵カレーセット1540円（サラダ、ドリンク付き）。8種類の野菜の素揚げがのって、ボリューム満点！

 料理以外に、器やインテリアにもこだわっている店ばかりです。料理以外のポイントもチェックしましょう。

町でみつけたかわいい和雑貨や手作りの品をお持ち帰り

懐かしく、素朴な雰囲気のアイテムが多くて心が和みます。
小布施の旅の記念に、ずっと大切にしたかわいい雑貨をぜひ。

マロンちゃん3姉妹
2750円
栗をモチーフにした、ロシアの民芸品・マトリョーシカ人形。ひとつひとつ手作りされている ❶

栗のはしおき
各550円〜
かわいらしい形で温かみのある、素朴な栗のはしおき ❶

こんぺいとう入り和紙小箱
850円
手刷りの和紙の絵で作った箱の中にこんぺいとうが入っている ❹

山葡萄バッグ
4万1800円
山葡萄バッグに手作り古布をパッチワークした布を付けた ❷

栗の小物入れ
8000円
形だけでなく、素材も栗の木。桑、桜などの木を使ったものも ❸

ようじセット
450円
1本ずつ千代紙で包んだようじ。和菓子などをいただくのにぴったり ❹

栗の木の一輪挿し
2750円
花が映える天然木の一輪挿し ❸

信州をはじめ世界各地の雑貨をセレクト

しょこく・みんこうげいざっか じざいや
諸国・民工芸雑貨 自在屋 ❶

がま口や手ぬぐい、和食器など和テイストのものから、ヨーロッパやアフリカなどの手作り雑貨まで幅広く扱っている。栗をモチーフにしたアイテムも充実。

竹風堂の旧本店の建物を利用

☎026-247-5988 ㊟小布施町小布施973 ⏰9時30分〜17時30分 ㊡無休（12〜3月は水曜休、祝日の場合は営業）🚃長野電鉄小布施駅から徒歩8分 🅿竹風堂の駐車場利用 ⓂＡＰP108A4

ハンドメイドの一点ものがいっぱい

ぎゃらりー・おぶじぇ
ギャラリー小布je ❷

ずらりと並ぶ木製品は伝統技法の手作りで一点もの。経年で色艶に深みが出るので楽しみながら長く使える。自然素材の洋服も取り扱っている。

☎026-242-6882 ㊟小布施町小布施609-7 ⏰9時30分〜16時 ㊡火・水曜（祝日、9月中旬〜10月は営業）、冬期休業（12〜3月）🚃長野電鉄小布施駅から徒歩7分 🅿3台 ⓂＡＰP108B3

信州の木のぬくもりを手作り家具や木工品で

木工家の古川喜啓さんが一人で注文家具を製作する「Art&Craftよしのや」には工芸品も多数置いてある。栗の形の木製時計やブナの無垢材で作られたおもちゃなどが人気だ。
☎026-242-6606 MAP P108B3

張子十二支
各1350円
ほのぼのとした表情に癒やされる和紙で作った張子人形。自分の干支を探そう ❹

茶筒
1万1000円
1本の木から作る茶筒。スムーズにしまる蓋は日常使いに最適 ❸

ポストカード
1枚165円
自在屋のオリジナル商品。スノーモンキーが温泉に入っている絵柄と、栗やリンゴを食べている絵柄の2種類 ❶

襟ショール
4950円
オーナーの手作り。アンティーク風に手染めしてある ❷

花の精
1800円
手すき和紙で作ったオリジナル人形。いろいろなポーズの女の子の人形が揃っている ❹

栗の箸置き
1個550円
箸置きや豆皿、小皿など、栗づくしで食卓の上を揃えてみよう ❸

古布バッグ
1万3200円
古布をパッチワークでつなぎ合わせたバッグ ❷

長く使えるお気に入りを見つけて

じゅぼくにしわき
樹杢西脇 ❸

ずらりと並ぶ木製品は、職人が木の状態を見ながら、一点ずつ手作りしたもの。伝統を伝えるという思いから、久留米絣や和布などの商品も豊富に扱う。

木地師の西脇氏は信州の名工の一人

☎026-247-5147 住小布施町小布施476-2 ⏲9時30分～16時 休火・水曜（9月中旬～10月中旬は営業）、冬期休業（12月～3月中旬）交長野電鉄小布施駅から徒歩12分 P1台 MAP P108B4

和紙を使った素朴な風合いの雑貨に和む

わしのなかじょう
和紙の中條 ❹

作家の性格が出ている和紙の人形は見るだけでも楽しめる。十二支のほか、雛人形も人気。購入した商品はすべて和紙で包んでくれるのもうれしい。大切な人へのギフトにもぜひ。

店ののれんも和紙で作られたもの

☎026-247-5196 住小布施町小布施854-30 ⏲9時～16時30分（10～3月は～16時）休無休 交長野電鉄小布施駅から徒歩8分 Pなし MAP P108A4

小布施ハイウェイオアシス・道の駅 オアシスおぶせ（☞P93）には信州のみやげが大集合！ 買い忘れたときに便利です。

ゆっくり楽しむなら
小布施の宿に泊まりましょ

魅力たっぷりの小布施は日帰りだと時間が足りないって思うはず。
どこも小さな宿で客室数も少ないので、早めの予約が確実です。

シンプルで
落ち着く！

Note
ルームキーを見せれば、小布施堂の系列店はチェックアウト時にまとめて精算できる。

1自然光が差し込むリラックス型の客室。このほか、書斎型、リビング型がある **2**蔵に囲まれた静かな敷地内は外とはまるで別世界 **3**バス広場に面して立つエントランス。風格のあるたたずまい

ますいちきゃくでん
桝一客殿

和とモダンが溶け合った
とびきり素敵な空間を演出

創業250余年の酒蔵・桝一市村酒造場（☞P91）が営む宿。長野県内から移築した砂糖問屋の土蔵3棟を中心に構成。趣ある和のたたずまいのなかにモダンなエッセンスがちりばめられ、洗練された雰囲気が漂う。3タイプの客室は、スタッフと相談しながら好みや目的に合わせてセレクトできる。

☎026-247-1111 住小布施町小布施815 交長野電鉄小布施駅から徒歩10分 P10台 MAP P108A4 ●全12室 ●2007年開業

＊1泊朝食付＊
平日休前日とも
2万3100円～
＊時間＊
IN15時 OUT12時

お泊まりシミュレーション

1
土瓦の壁が印象的なフロントでチェックイン

2
小布施堂本店の和菓子と共に客室でひと息

3
江戸時代の文庫蔵を改装したライブラリーへ

4
朝食は人気レストランへ。朝から元気に！

源泉かけ流し 部屋食 エステあり 禁煙ルームあり 大浴場あり ひとり宿泊OK

おぶせのやど ゔぁんゔぇーる
小布施の宿 ヴァンヴェール

**本格フレンチを味わって
心から満たされる癒やしのステイを**

アットホームな雰囲気の宿。全室禁煙の客室は4室と少ないが、行き届いたサービスが受けられると評判。食事は、併設するフランス食堂 ヴァンヴェール（☞P56）で楽しめる。

☎026-247-5512
🏠小布施町小布施34-8 🚃長野電鉄小布施駅から徒歩10分
🅿8台
MAP P108B4 ●全4室 ●2004年開業

＊1泊2食付＊
平日1万2320円〜
休前日1万3420円〜
＊時間＊
IN15時 OUT10時

Note
ランチ11時30分〜14時のそば粉のガレット1280円も好評。14〜16時はカフェタイム。

①ナチュラルテイストの客室。全室ツインだが最大3名まで利用可能だ ②レストラン側の入口。テラス席で朝日を浴びながらいただく朝食は贅沢の極み ③ランチメニューのキッシュ1100円〜

Note
県外から移住してきたオーナーだからこそ知る近くのグルメ、みどころ、穴場を紹介してくれる。

①ロフト付きトリプルルーム。1部屋ごとにテイストが異なる ②町並みに溶け込んだ建物 ③自由に過ごせる談話室。館内はすべてWi-Fi完備

ちいさなおやど おぶせのかぜ
小さなお宿 おぶせの風

**まるで実家のようにくつろげる
快適でアットホームな宿**

ツインやシングルルームのほか、トリプルルームや和室もあり、リーズナブルなステイも可能。充実したアメニティやふかふかの羽根布団など、細やかな心配りがいっぱい。

☎026-247-4489
🏠小布施町小布施475-2 🚃長野電鉄小布施駅から徒歩10分
🅿7台 MAP P108B4
●全8室 ●2000年開業

＊素泊まり＊
平日・休前日 洋室(S)5500円〜
平日・休前日 洋室(T)1万円〜
＊時間＊
IN16〜22時 OUT10時

おぶせおんせん あけびのゆ
小布施温泉 あけびの湯

**小布施町と北信五岳を
一望できる絶景自慢の温泉宿**

北信五岳の雄大な景観と天然温泉が楽しめる宿。料理人が腕によりをかけて用意する地元朝どり野菜を使用した田舎の会席料理や、源泉かけ流しの湯で癒やしのひとときを。

☎026-247-4880
🏠小布施町雁田1311
🚃長野電鉄小布施駅から車で7分 🅿4台
MAP P108C2 ●全9室 ●2001年開業

＊和・洋室1泊2食付＊
平日1万3500円
休前日1万4500円
＊時間＊
IN15時 OUT10時

Note
6〜21時は日帰り入浴や食堂の利用も可能（大人700円※6〜9時入館の場合は650円、子ども350円）

①北信五岳を眺めながら、気温や天候により色の変わる温泉を楽しみたい ②地元食材を使用した会席料理 ③日々の喧騒を忘れゆったりとした時間を満喫できる特別室

風情豊かな町並みが残る
シルクと蔵の町・須坂へ

明治から昭和にかけて建てられた蔵が点在するレトロな町。
当時を偲びながらぶらり歩けば、心がホッと和みます。

須坂って
こんなところ

製糸業で栄えた蔵の町

江戸時代は須坂藩主の館町として栄え、明治・大正・昭和初期にかけては製糸の町として隆盛を極めた。当時を今に伝える立派な蔵造りの建物が点在するほか、中央通りには蔵の町家や土蔵造りの建物が連なり、懐かしさ漂う町並みが広がっている。

問合せ 信州須坂観光協会 ☎026-215-2225
アクセス 長野駅から長野電鉄特急で約20分、須坂駅下車
広域MAP P104C3

歩くだけでも楽しい♪

1蔵の町家や土蔵が軒を連ねるのは中央通り
2住宅も町並みに溶け込んでいる

おすすめコース

ぐるり散策時間 約90分

スタート ・ 須坂駅
↓ 車で5分
1 豪商の館 田中本家博物館
↓ 徒歩25分
2 須坂市ふれあい館 まゆぐら
↓ 徒歩3分
3 岡信孝コレクション・須坂クラシック美術館
↓ 徒歩5分
ゴール ・ 須坂駅

臥竜公園にも立ち寄りたい
桜や紅葉が見事な臥竜公園（MAP P63B2）は豪商の館 田中本家博物館から徒歩で約8分。余裕があったら、竜ヶ池周辺の散策も楽しみたい。

まずはココへ

ごうしょうのやかた たなかほんけはくぶつかん

1 豪商の館 田中本家博物館

田中本家の貴重な品々を公開

北信濃屈指の豪商であった田中本家の屋敷の一部を開放。庭を囲む土蔵の中に、衣装から陶磁器、おもちゃといった田中本家の生活雑貨が展示され、往時の暮らしを垣間見ることができる。春や秋といった季節をテーマにした庭を巡るのも楽しみ。

☎026-248-8008 **住**須坂市穀町476
¥入館900円 **時**11時～15時30分(土・日曜、祝日は10～16時) **休**火曜、ほか臨時休館あり
交長野電鉄須坂駅から車で5分 **P**50台
MAP P63B1

秋の庭（大庭）。見頃は11月上旬ごろ

▲天井の太くて大きい梁は往時のまま

1屋敷内の小径ではタイムスリップした気分 2田中家の豪華な着物も

オリジナルみやげ

家主貞良 1箱530円
江戸時代、須坂藩の殿様も食べたという甘さ控えめのカステラを再現

絹で作った花柄ふくろう300円はみやげにどうぞ

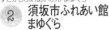
● ここも見学しましょ

ひと休みは
古民家の
ゲストハウスへ

築140年以上の古民家を改装した「ゲストハウス蔵」。ドミトリー1泊4000円〜。12〜16時(金〜日曜)にカフェがオープン。1ホールにリンゴ20個以上使い、7時間煮たタルトタタンも楽しめる。
☎026-214-7945 **MAP** P63B1

すざかしふれあいかん まゆぐら
**② 須坂市ふれあい館
まゆぐら**

須坂製糸の歴史にふれる

明治時代に建てられた旧田尻製糸のまゆ蔵を移転・改修して使用。2階で養蚕の道具や製糸業を支えた機械、歴史を解説した資料を見ることができる。
☎026-248-6225 住須坂市須坂387-2 ¥入館無料 営9時30分〜17時(11〜2月10〜16時、3月10時〜) 休年末年始 交長野電鉄須坂駅から徒歩7分 Pなし
MAP P63A1

1 建物は国の登録有形文化財
2 養蚕の道具などが展示されている

おかのぶたかこれくしょん・
すざかくらしっくびじゅつかん
**③ 岡信孝コレクション・
須坂クラシック美術館**

日本の伝統や美を再確認

現存でも最大規模の須坂の伝統的町家のなかを美術館に。日本画家・岡信孝氏の日本画や古民芸コレクション、大正〜昭和のレトロな着物を展示。
☎026-246-6474 住須坂市須坂371-6 ¥入館300円 営9〜17時(最終入館16時30分) 休木曜(祝日の場合は開館)、12月29日〜1月3日 交長野電鉄須坂駅から徒歩5分 P5台 **MAP** P63A1

1 土蔵は江戸末期築、屋敷は明治初期築 2 土蔵と屋敷にコレクションが並ぶ

● ランチするなら…

温泉卵をよく絡ませて

まつばやそばてん
松葉屋そば店

多彩な食材と味噌がマッチ

明治20年(1887)創業のそば店。須坂のそばで味付けしたすき焼を丼にしたみそすき丼が味わえる市内8店舗のなかの一軒。
☎026-245-0418 住須坂市常盤町702 営11〜14時、17〜20時(土・日曜、祝日は昼のみ) 休木曜 交長野電鉄須坂駅から徒歩15分 P10台 **MAP** P63B1

みそすき丼 980円

● おみやげも買いましょ

おやき(野沢菜・丸なす、ほか) 各150円
もちもちの生地に具がぎっしり。自家製味噌の丸なす、自家栽培の野沢菜が人気

シルクコサージュ大1250円(左)、小1000円(右)
ピンで洋服や帯につけられる。髪飾り用のヘアゴム付きもある

数寄屋袋
1万6000円

日本でも数少ない女性手描き更紗作家が作ったこの店だけのオリジナル。茶道の道具だが、クラッチバッグや小物入れなど使い方はいろいろ

こもりもちてん
コモリ餅店

創業大正8年(1919)の餅菓子、和生菓子店。
☎026-245-0528 住須坂市北横町1316-11 営9時〜売り切れ次第閉店 休不定休 交長野電鉄須坂駅からすぐ P3台
MAP P63A1

わたこうほんてん
綿幸本店

須坂の町並みにマッチした外観の着物店。おしゃれな小物も揃う。
☎026-245-0529 住須坂市上中町160 営9時30分〜19時 休水曜 交長野電鉄須坂駅から徒歩10分 P15台
MAP P63B1

 須坂市蔵のまち 観光交流センター(**MAP** P63A1)ではみやげも販売。無料(要預かり金)のレンタサイクルもあります。

佳宿が揃う信州高山温泉郷
大自然のなかでほっこり湯三昧

新緑と紅葉の名所・松川渓谷沿いに点在する温泉群の総称が信州高山温泉郷。
名旅館、一軒宿の秘湯、乳白色の湯や展望自慢など個性豊かな宿が揃っています。

山田温泉
やまだかん
山田館

松川渓谷に面して立つ、創業210年以上の老舗宿。客室や大浴場、露天風呂、ロビーなど、館内のいたるところから、松川渓谷の風景を望むことができる。新緑、紅葉、雪景色など、眼前の木々の彩りに目が奪われる。

☎026-242-2525 住高山村山田温泉3604 交バス停山田温泉から徒歩1分 P12台 ●全9室 ●2020年改装 ●内湯2 露天風呂1(男女入替制)
MAP P105D3

入浴のポイント
渓谷美が眼前に。
露天風呂は屋根がかかっているので雨天でも気にせずに利用できる。渓谷にそよぐ風をも感じながら、季節の移り変わりを堪能したい。

+1泊2食付料金+
平日2万4350円～
休前日2万6550円～
+時間+
IN15時 OUT10時

かけ流しの湯と自然の風雅を堪能 "土産土法" の料理も魅力

1露天風呂は時間により男女入替制 2大きな窓からの眺めがいい大浴場でリラックス 3ロビーの一角、月見台では時間により抹茶がサービスされる

+1泊2食付料金+
平日1万5000円～
休前日1万6000円～
+時間+
IN15時 OUT10時

春夏は緑、秋は紅葉、冬は雪にごり湯から楽しむ信州の四季

1自然に囲まれた源泉かけ流しの湯 2地の山菜や野菜、川魚、信州牛などの食材をふんだんに使った料理が楽しめる 3温泉、紅葉、山野草が自慢の宿。タヌキが来ることでも話題に

七味温泉
しちみおんせんこうようかん
七味温泉紅葉館

松川渓谷の最上流、高山温泉郷の最奥に湧く秘湯が七味温泉。その昔、成分が異なる7つの源泉があり、それを集めて温泉にしていたことから名前がついたといわれる。温泉の色はその日の気温などで変わり、主にエメラルドグリーンや乳白色になる。

☎026-242-2710 住高山村牧2974-45 交JR須坂駅から車で40分 P10台 ●全5室 ●2007年改装 ●内湯2 外湯2
MAP P105D3

入浴のポイント
男女で違う もうひとつの温泉
70℃と30℃の源泉の組み合わせで黒く炭のような色になった炭色の湯は男湯に、洞窟風呂は女湯にある。日帰り入浴も可能。

源泉かけ流し 部屋食 エステあり 禁煙ルームあり 大浴場あり ひとり宿泊OK

ニホンカモシカに遭遇!?
自然いっぱいの松川渓谷一帯は、天然記念物でもあるニホンカモシカの棲息地。旅館近くの野山をゆうゆうと闊歩する姿を見かけることもしばしば。運がよければ、会えるかも。

山田温泉
りょくかさんしゅく ふじいそう
緑霞山宿 藤井荘

文人墨客がこよなく愛した正統派の老舗温泉宿。客室は全室が渓谷に面しており、幽玄な大自然との一体感を楽しみながらゆっくりとくつろぐことができる。

☎026-242-2711 ⓘ高山村奥山田3563 🚍バス停山田温泉からすぐ Ⓟ15台 ●全19室 ●1985年築 ●内湯2 露天2 貸切なし
ⓂAP P105D3

信州を代表する高級旅館は風呂と料理と渓谷美が魅力

+1泊2食付料金+
平日4万1500円〜
休前日4万3500円〜
+時間+
IN15時 OUT11時

入浴のポイント

大きなガラス窓から松川渓谷の自然が眺められる五万石風呂

開放感たっぷり
風呂は目前に松川の谷と山が迫る。檜大浴場と谷に張り出すような露天風呂がある。

渓谷沿いの露天風呂は5色に変化する魅惑の湯

木の香りがうれしい内湯でのんびりと癒やしのひととき

+1泊2食付料金+
平日1万8500円〜
休前日1万8500円〜
+時間+
IN15時 OUT10時

入浴のポイント

木肌のぬくもり
建て替えられた浴室棟は、宮大工によるもの。古い浴室の梁を生かすなど、日本建築の技を極めた見事な造り。

五色温泉
ごしきのゆりょかん
五色の湯旅館

松川の渓谷沿いにある秘湯の一軒宿。ここの湯は、気圧や陽光などの気象的条件によって5色に変化するという。無料で利用可能な、内風呂の貸切風呂もある。

☎026-242-2500 ⓘ高山村五色温泉 🚍バス停山田温泉から車で13分、送迎あり要予約 Ⓟ12台 ●全12室 ●1971年築 ●内湯2 露天なし 貸切内湯1
ⓂAP P105D3

山田温泉
こころをととのえるやど ふうけいかん
心を整える宿 風景館

山田温泉のシンボル、共同浴場・大湯のそばにある創業250年以上の老舗。貸切露天の天空小鳥風呂は開放感がありゆっくりと旅の疲れを癒やすことができる。

☎026-242-2611 ⓘ高山村奥山田3598 🚍バス停山田温泉からすぐ Ⓟ20台 ●全20室 ●1977年築 ●内湯2 貸切露天2 ⓂAP P105D3

今も昔も訪れる人々の故郷のような存在を目指して

+1泊2食付料金+
平日1万4000円〜
休前日2万円〜
+時間+
IN15時 OUT10時

入浴のポイント

松川渓谷の深い谷を背後に、山田温泉の中心地に立つ風格ある温泉宿

貸切風呂
天空の小鳥風呂。渓谷の流れる音を聴きながら、体の芯まで温まれる温泉。

📖 高山村は桜の名所です。村内には約20本のしだれ桜があり、その半分以上が樹齢200年を超えるとか。毎年開花は4月末ごろです。

真田氏ゆかりの城下町
情緒あふれる町並みで歴史散策

近年、歴史・観光施設が整備され、歩く楽しみが増えた城下町・松代。
旧松代駅を拠点に、城下をぶらり歩けば新しい出会いと発見が。

松代って
こんなところ

**文武両道の精神が息づく
歴史の町**

石垣、板塀、立派な表門など、まるで江戸時代の町にタイムスリップしたかのような町並みのあちらこちらで、ボランティアガイドの姿を見かける。真田十万石の城下町は、歴史と伝統文化が人々の暮らしに根付いた、信州らしい気風あふれる町だ。

問合せ ☎026-278-3366(信州松代観光協会)
アクセス JR長野駅からアルピコ交通バス松代高校行きで、松代駅まで28分
P 各施設、周辺駐車場利用
広域MAP P104C3〜4

スタート
ゴール
今にも汽車が滑り込んできそうな旧松代駅

おすすめコース

ぐるり歩行時間約60分

- スタート・・旧松代駅
  - ↓ 徒歩5分
- ① 真田邸
  - ↓ 徒歩すぐ
- ② 旧樋口家住宅
  - ↓ 徒歩すぐ
- ③ 文武学校
  - ↓ 徒歩15分
- ④ 松代象山地下壕
  - ↓ 徒歩20分
- ⑤ 松代城跡
  - ↓ 徒歩2分
- ⑥ 真田宝物館
  - ↓ 徒歩4分
- ゴール・・旧松代駅

散策しやすく町を整備
真田邸から真田宝物館まで、ほぼ直線の同じ道筋に点在するので、迷うことはない。ひと休みできる喫茶店やおやきの店などもあるので急な雨降りでも安心だ。

① 真田邸 (さなだてい)

国指定史跡の真田家別邸

松代藩9代藩主・真田幸教が義母・貞松院の居宅として元治元年(1864)に建てたもので、明治維新後は真田家の別邸として使われた。池のある庭園が美しく癒やされる。

☎026-215-6702 **住**長野市松代町松代1 **¥**入館400円 **時**9〜17時(11〜3月は〜16時30分、最終入館は各30分前) **休**無休 **交**バス停松代駅から徒歩5分 **P**60台(宝物館と共通) **MAP**P67A1

▶真田邸入口。新御殿ともよばれる

② 旧樋口家住宅 (きゅうひぐちけじゅうたく)

武家屋敷の中心的存在

旧樋口家は真田家の家臣で藩の目付役などを勤めていた上級武士の家柄。松代城の東南、かつての武家屋敷街にあり、主屋、土蔵、屋敷神の祠、板塀などが修理・復元されている。

☎026-278-2188 **住**長野市松代町松代202-1 **¥**無料 **時**9〜17時(11〜3月は〜16時30分、最終入場は各30分前) **休**無休 **交**バス停八十二銀行から徒歩3分 **P**真田宝物館共通駐車場60台 **MAP**P67A1

▲庭には池に水を引き込む泉水がある

▲江戸時代の学び舎はどこか威厳がある

国内有数の成分量を誇る
黄金の湯 松代荘
真田十万石の城下町にたたずむ宿。源泉より毎分740ℓ湧出する源泉かけ流しの湯。信州の四季の料理も好評。
☎026-278-2596 **MAP** P104C3

▽真っ白な壁が目を引く

③ 文武学校
ぶんぶがっこう

藩士の子弟の文武を奨励

学問と武道を習得させる場として松代藩が安政2年（1855）に開校。剣術所・柔術所、文庫蔵などを見学できる。儒教を廃し、他の多くの藩校に見られるような孔子廟を設けていない点も特徴的だ。

▽弓術所もある

☎026-278-6152 **住**長野市松代町松代205-1 **¥**入館400円 **◯**9～17時（11～3月は～16時30分、最終入館は各30分前）**休**なし **交**バス停松代駅から徒歩7分 **P**真田宝物館共通駐車場60台 **MAP** P67A1

⑥ 真田宝物館
さなだほうもつかん

信州最大の真田ミュージアム

真田家伝来の武具や調度品、文書などを収蔵する博物館。年4回展示替えを行い、常時100点ほどが見学できる。館内にあるミュージアムショップで販売する真田グッズをみやげに。

▽展示風景は内容により異なる

☎026-278-2801 **住**長野市松代町松代4-1 **¥**入館600円 **◯**9～17時（11～3月は～16時30分、最終入館は各30分前）**休**火曜（祝日の場合は開館）、臨時休館あり **交**バス停松代駅から徒歩4分 **P**60台 **MAP** P67A1

④ 松代象山地下壕
まつしろぞうざんちかごう

壕内の気温は通年約15℃

▽ヘルメットをかぶって内部へ

第二次世界大戦末期に日本軍の大本営を松代に移すという計画のもとに掘られた地下壕跡。総延長5853mのうち、約500mを公開している。後世に伝えたい歴史遺跡だ。
☎026-224-8316（長野市観光振興課）**住**長野市松代町西条479-11 **¥**無料 **◯**9～16時（最終入壕は15時30分）**休**第3火曜（祝日の場合は翌日）、点検等のため臨時休館あり **交**バス停八十二銀行前から徒歩20分 **P**8台（代官町駐車場。徒歩7分）**MAP** P67A2

⑤ 松代城跡
まつしろじょうあと

北信濃の拠点として隆盛

戦国時代に武田信玄によって築かれた城で、元和8年（1622）以降は真田氏が10代にわたって城主となった。明治の廃城後は石垣のみが残ったが、近年復元され、江戸時代の姿を彷彿させる。

▲今の世に見事に再現された松代城太鼓門

☎026-278-2801（真田宝物館）**住**長野市松代町松代44 **¥**見学自由 **◯**9～17時（11～3月は～16時30分、最終入場は各30分前）**休**無休 **交**バス停松代駅から徒歩5分 **P**70台 **MAP** P67A1

ローカル列車で出会う 北信州のすてきな風景

信越の山々と田園を眺めながらカタンコトンと走るローカルな路線。
観光列車に乗れば眺望や風情をいっそう楽しめます。

な␣がのでんてつ
長野電鉄

次々に現れる北信五岳の展望

"ながでん"の愛称で親しまれるローカル電車。長野から温泉郷のある湯田中までを結ぶ。地下駅である長野を出た列車は、善光寺下駅を過ぎると地上に出る。やがて村山駅手前で千曲川を渡るとローカルムードが増し、リンゴなどの果物畑が広がり、途中の小さな駅が郷愁を誘う。"ながでん"の楽しみといえば北信五岳の眺め。特に小布施駅ホームは五岳すべてを望むポイントとして有名。

☎026-248-6000
💴初乗り170円、始発の長野〜終点の湯田中は運賃1190円。特急は須坂、小布施、信州中野などに停車、全区間特急料金100円(自由席の場合)
🕐長野〜須坂間は日中1時間に3本程度運行。須坂〜湯田中間は1時間に1〜2本運行。長野〜湯田中間は特急で約45分。

▲かつて小田急ロマンスカーで使われた特急車両「ゆけむり」。展望席が人気

▶JRの成田エクスプレスで活躍した車両が、特急車両「スノーモンキー」として走る

▼北信五岳をはじめ、高井富士ともよばれる高社山、志賀高原の山々など、北信州の名だたる山を望みながら走る

高社山
上条
夜間瀬 ● 湯田中
信濃瀬原 箱山
中野松川
信州中野 中山晋平記念館
延徳
桜沢
ながでん
電車の広場
都住
 Ⓐ 小布施
北須坂
須坂
柳原 村山
附属中学前
富山・金沢へ 朝陽
長野電鉄 信濃吉田
桐原
本郷
卍 善光寺下
善光寺 権堂
市役所前
JR北陸新幹線
長野
軽井沢・東京へ

北信の名山が代わる代わるにお出迎え

千曲川

Ⓐ 小布施駅

北信五岳の案内やながでん電車の広場があるので途中下車してみよう

column
千曲川に沿って走るJR飯山線

豊野駅から新潟県の越後川口までの、96.7kmを走る飯山線。沿線は信越国境の豪雪地域だ。長野駅を出た列車は豊野駅でしなの鉄道北しなの線と分かれて飯山線へ。右手の千曲川と付かず離れず、田園地帯をいく。その車窓はまさに、沿線出身の国文学者・高野辰之が作詞した『故郷』にうたわれた「うさぎ追いしかの山…」の情景。黄緑色をあしらった飯山線定番の車両に加え、観光列車「おいこっと」も運行されている。

長野タウンからひと足延ばしたエリアでは、ふるさと風景と名湯三昧も楽しみましょう

泊まるなら、やっぱり温泉！
外湯めぐりができて、温泉街をそぞろ歩くには
湯田中渋温泉郷、野沢温泉がおすすめです。
信州ならではの美酒や信州野菜をおみやげに。

湯けむり漂う温泉街が連なる
レトロロマンチックな湯の郷

さまざまなタイプの宿が軒を連ねる信州きっての温泉郷。
昔ながらの温泉情緒を楽しもうと世界中から温泉ファンがやってきます。

湯田中渋温泉郷ってこんなところ

(ゆだなかしぶおんせんきょう)

どこか郷愁を誘う温泉郷

横湯川、夜間瀬川、角間川の川沿いに広がる9つの温泉の総称で、その歴史は1300年ともいわれている。温泉街の路地や庭先などあちらこちらから湯けむりが上がる豊富な湯量を誇り、共同浴場や足湯の数も全国屈指。近年は「スノーモンキー」の愛称で親しまれる地獄谷温泉の野猿が世界に広く知られ、浴衣姿で温泉街を散策する外国人が多く見られるようになった。

問合せ ☎0269-33-2138(山ノ内町観光連盟)

アクセス 長野駅から長野電鉄特急で45分、湯田中駅下車。新湯田中、湯田中、星川、穂波温泉街へは徒歩10分以内。安代、渋、上林、角間温泉へは長電バスまたは車で2～15分。

広域MAP P105D2

角間温泉

1 温泉情緒たっぷりの渋温泉街　2 昔ながらの大浴場も　3 湯田中駅裏にある楓の湯

① **湯田中温泉**
小林一茶が長く逗留していたことで知られ、現在も一茶ゆかりの宿が残るなど、どこか落ち着いた文学的な雰囲気を漂わせる温泉。

② **安代温泉**
湯田中温泉と渋温泉の間にあり、温泉街は古き良き時代の面影を残す。木造建築や家族経営の小さい宿がほとんどだ。

③ **地獄谷温泉**
宿は後楽館の1軒のみ。ニホンザルが露天風呂に浸かる地獄谷野猿公苑が有名。国の天然記念物に指定されている噴泉がある。

④ **新湯田中温泉**
湯田中渋温泉郷の玄関口となる長野電鉄湯田中駅から西側の徒歩圏内にあり、小さいながらも個性的な宿が多い。

⑤ **星川温泉**
夜間瀬川沿いにあり、北信五岳や北アルプスが眺められて景色がよい。湯量が豊富で、凝った浴槽をもつ宿が多い。湯田中駅から徒歩5分。

⑥ **穂波温泉**
湯田中駅から夜間瀬川に架かる栄橋を渡った側にあり、大小さまざまな宿が揃っている。川向こうの温泉街を見渡す展望風呂もある。

⑦ **角間温泉**
林芙美子、吉川英治、横山大観らが訪れた歴史ある温泉で、木造3階建ての宿もあり、鄙びた風情があり、どの宿も源泉かけ流しの風呂をもつ。

⑧ **上林温泉**
深い森に囲まれ、別荘温泉保養地や避暑地として歴史がある。古くから外国人が訪れており、ハイカラな宿が多いのも特徴だ。

そぞろ歩きをしてみましょう

石畳の渋温泉から
安代温泉へ

湯田中渋温泉郷のなかで最も湯の町風情があるのが、渋温泉街から安代温泉へと続く石畳の坂道。手ぬぐいと小銭を持って、寄り道湯や温泉まんじゅうの食べ比べをしてみましょう。

渋温泉みやげはコレ！

みやげを1つに絞れない人におすすめなのが「いとをかし箱」。箱の中は小さな仕切りで9つに分けられており、それぞれに気に入ったみやげを入れれば、オリジナル詰合せの完成だ。

湯田中渋温泉郷 ● レトロロマンチックな湯の郷

① おんせんじ
温泉寺

武田信玄ゆかりの名刹

渋温泉街の突き当たりに立派な山門を構える名刹で、寺伝によれば創建は嘉元3年（1305）。武田信玄とも深く帰依していたという。境内にはかつて信玄かま風呂があったが老朽化で休業中だ。足湯は営業中だ。境内は静粛なムードが漂う。

☎ 0269-33-2921（渋温泉旅館組合）
🕐 🌕 🈳 境内自由 🚌 バス停和合橋から徒歩5分 **MAP** P109C3

② ごりやくさんぽみち
御利益散歩道

温泉街の裏山の社寺をめぐる

九湯めぐりをしたら、祈願成就のために渋高薬師へ。大湯の前の急な石段を78段上ると到着。ここをスタートに天満宮、毘沙門天、金刀比羅宮などに参拝して終着の温泉寺までをめぐる約60分のコース。

☎ 0269-33-2921（渋温泉旅館組合）
🕐 🌕 🈳 境内自由 🚌 バス停和合橋から徒歩3分 **MAP** P109C3

③ やくよけじゅんよくそとゆめぐり
厄除巡浴外湯めぐり

外湯 九湯めぐりにチャレンジ！

渋温泉には9つの外湯（共同浴場）がある。一番湯から九番湯までめぐって手ぬぐい400円にスタンプを押そう。九（苦）労を流し、厄除け、不老長寿などのご利益があるという。

☎ 0269-33-2921（渋温泉旅館組合）
🕐 6〜22時 🈳 入浴無料（渋温泉宿泊者限定） 🌕 清掃時 ※九番大湯のみ宿泊者以外は有料で入浴可。10〜17時、500円。

④ あしゆのふとまる
足湯のふとまる

旅人同士、会話も弾む

「のふとまる」とは「温まる」の意味で、この地方の方言。その名の通り全身がポッカポカになる足湯。場所は大湯の屋上に作られている。屋根付きなので雨の日でも浸かれるのもうれしい。

☎ 0269-33-2921（渋温泉旅館組合）
🕐 8〜22時 🈯 無料 🌕 無休 🚌 バス停和合橋から徒歩3分 **MAP** P109C3

⑤ おもしろや
面白屋

今では貴重な射的ができる店

懐かしいクマのぬいぐるみやプラモデルが景品棚に飾られている射的の店。昼間は人も少なく静かだが、夜になると浴衣姿で的を狙う人たちがいっぱい。家族や仲間と一緒に、童心に返って遊んでみよう。

☎ 0269-33-3052
🕐 10〜23時 🌕 不定休 🚌 バス停渋温泉入口から徒歩2分 **MAP** P109B4

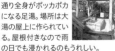 湯田中温泉では、1枚で湯田中温泉湯めぐり手形加盟施設の3軒の宿に入浴できる手形を販売中です。

地図内表記

⑨ 渋温泉

歴史の宿金具屋
⑬ 渋大湯
笹の湯
渋高薬師
② 御利益散歩道
綿の湯
初湯
神明滝の湯
⑤ 面白屋へ
手打蕎麦うどん 玉川本店 P73
初の湯
七操の湯
渋ホテル
④ 足湯のふとまる
目洗いの湯
洗心館松屋
⑦ やきとりもとや
渋和合橋
渋温泉旅館組合
竹の湯
① 温泉寺
炭乃湯
松の湯
100m

歴史ある温泉郷で
美味しいグルメ探し

昔ながらの温泉情緒が楽しめる湯田中渋温泉郷。
地産食材や老舗の味を生かしたグルメが楽しめるレストランやショップをご紹介!

湯田中温泉
はっこう やまのうち
HAKKO YAMANOUCHI

和モダンのビアレストラン

温泉街の明治時代の建物をリノベーションしたビアレストラン。志賀高原味噌など8種の発酵食品を使って調理した和洋折衷の定食や肉のグリル料理などがある。

☎0269-38-8500 🏠山ノ内町平穏3010 🕐17時30分～21時30分LO 🈂不定休(冬季のみ営業) 🚃長野電鉄湯田中駅から徒歩3分 🅿4台 MAP P109A3

▲天井が高くゆったりした店内

✢
塩麹漬け地鶏の唐揚げ
720円
塩麹に漬け込んだ唐揚げと、オリジナルのタレで提供する唐揚げは絶品

▲長野の郷土食、発酵食品を使ったさまざまな創作料理を楽しめる ▶元精肉店をリノベーションしてオープン

◀明るくナチュラルな雰囲気の店内は居心地のよい雰囲気

✢
ダブルカレー
1480円
あぶらや燈千料理長特製のスパイスカレーを贅沢にあいもりに。10種類以上のスパイスをオリジナルで配合

湯田中温泉
ぴあ あんど かふぇ 「てらす ゆー」
Beer & Cafe「TERRACE U」

湯田中の魅力を五感で楽しむ格別時間

信州食材の素材のよさを生かしたこだわりの料理と、施設内で醸造する自慢のクラフトビールを味わえるビアカフェ。信州牛をたっぷりと使用した自家製ハンバーガーや特製カレーをできたてのビールとともに味わいたい。

☎0269-33-4511 🏠山ノ内町佐野2578-1 🕐10～18時(17時LO) 🈂不定休(HP要確認) 🚃長野電鉄湯田中駅から徒歩8分 🅿30台 MAP P109A3

◀幻の豚 信州みゆき豚角煮出汁カレーと信州牛とナッツのスパイスカレーのあいもり ▶日帰り温泉やショップなどが入る複合施設の中にある

温泉地で作る たまご屋のプリン

地元で育った平飼いの有精卵を使用した、たまご屋が作る温泉プリン1個400円〜が湯田中温泉の新名物に。古民家をリノベーションした湯田中温泉プリン本舗で購入可能。
☎0269-38-0007 MAP P109A3

◀温泉街の中心に位置する ▼風味豊かなそばとくるみダレの相性が抜群。リキュールの香りが利いたそばクリームタルト430円(奥)は大人の味

渋温泉
てうちそばうどん たまがわほんてん

手打蕎麦うどん 玉川本店

玄蕎麦で作るこだわりのそばを満喫

信越県境で契約栽培した玄蕎麦を、石臼を使い自家製粉し提供する。人気はくるみダレに付けて食べるそば。そば粉を使ったオリジナルデザートも充実(デザートのみの注文は不可)。
☎0269-33-2252 住山ノ内町渋温泉2178 ⏰11時30分〜14時LO、18〜21時LO 休第3・5水曜(祝日の場合は営業) 交バス停渋温泉から徒歩3分 P2台 MAP P109C3

▶店内ではそば打ちの様子がみられる

> **くるみだれそば**
> **1090円**
> 濃厚なくるみダレがそばの風味を際立たせる

上林温泉
えんざかふぇ

ENZA café

大自然のなかに立つ高原テラスカフェ

地獄谷野猿公苑の遊歩道入口に立地し、散策途中立ち寄るのに便利なカフェ。テラス席もある。自家製スープのラーメンや大きなアップルパイが人気。

▲地元の高原野菜を使用したメニューも用意
☎0269-38-1736 住山ノ内町平穂1421-1 ⏰9時30分〜17時(12〜3月8時30分〜18時) 休不定休 交バス停スノーモンキーパークから徒歩8分 P15台 MAP P109C4

> ✚
> **自家製アップルパイ980円**
> **(テイクアウト880円)**
> 信州産の旬のリンゴを使用したアップルパイは濃厚ソフトクリームと一緒に

渋温泉
さかぐらびじゅつかん・ぎゃらりー・たまむらほんてん

酒蔵美術館・ギャラリー玉村本店

地酒・縁喜の仕込みも見られる

造り酒屋「玉村本店」の、約150年前の酒蔵の一部を改築したアート・ギャラリー。清酒・縁喜(えんぎ)や志賀高原ビールなども購入可能。
☎0269-33-2155 住山ノ内町平穏1163 ¥入館無料 ⏰9時〜17時30分 休日曜 交バス停沓野から徒歩2分 P5台 MAP P109C3

▲美山錦を100%使用した端麗旨口の清酒・縁喜

> ✚
> **清酒・縁喜**
> **自家栽培米 美山錦 純米吟醸**
> **720㎖ 1650円**
> 自家栽培米の美山錦を使用。華やかな香りと、しっかりした味わい

▶ギャラリーで試飲はできないがお酒は購入可能

📖 地獄谷野猿公苑(☞P77)へ行くには、駐車場やバス停から山道を歩くため歩きやすい服装で。

右端縦書き: 湯田中渋温泉郷 ● 美味しいグルメ探し

惜しみなく源泉があふれる
湯田中・渋・上林温泉の老舗宿

温泉、料理、部屋、建物の風情がよくて、さらに迎えてくれる人も温かい。
このエリアには信州きっての名旅館が揃っています。連泊して湯三昧を楽しみましょう。

湯田中温泉 清風荘
新湯田中温泉
ゆだなかおんせん せいふうそう

湯田中駅から徒歩2分とアクセスもいい、家庭的でリーズナブルな木造旅館。風呂の種類が多彩で、天然岩を配した大きな平清露天風呂、秋頃から3月まではリンゴ風呂になる平安風呂、総檜造りの信山桧風呂が男女交替制で楽しめる。桧風呂は貸切も可能。

☎0269-33-3295　🏠山ノ内町平穏3268
🚋長野電鉄湯田中駅から徒歩2分　🅿30台
●全13室　●2011年11月改装　●内湯2露天1貸切1　MAP P109A3

温泉ホッピング
入浴のポイント

すべての風呂に入れるように、まずは風呂ごとに男性・女性入浴の時間をチェックしておこう。

古風な構えの木造旅館で趣の異なる風呂の温泉三昧

+1泊2食付料金+
平日1万3750円～
休前日1万3750円～
+時間+
IN15時　OUT10時

1 夜間照明が雰囲気を盛り上げる平清露天風呂。頼めば日本酒を用意してくれる 2 夕食にはリンゴで育てた信州牛のしゃぶしゃぶなどのプランもある 3 客室は落ち着いた造りの和室で、静かな一夜が過ごせる

+1泊2食付料金+
平日2万6400円～
休前日3万800円～
+時間+
IN14時　OUT11時

露天風呂付き客室が人気の上林温泉のおもり宿

湯宿せきや
上林温泉
ゆやどせきや

創業100余年のこぢんまりとした老舗宿で、全8室が源泉かけ流しの露天風呂付き。風呂はほかにも男女別の内湯、無料貸切露天風呂が3つあり、温泉三昧ができる宿だ。個室食事処に用意される料理も好評。

☎0269-33-2268　🏠山ノ内町上林温泉
🚋長野電鉄湯田中駅から長野電鉄バススノーモンキーパーク行きで15分、終点下車、徒歩5分
🅿20台　●全8室　●2011年9月改装　●内湯2貸切露天3　MAP P109C4

浴槽もいろいろ
入浴のポイント

泉質はナトリウム・カルシウム一塩化物・硫酸塩泉。源泉温度は約70℃と高温だが、加水しないでかけ流しで利用している。

1 貸切で利用できる岩造りの露天風呂は意匠の異なる造りで、湯めぐりが楽しい 2 風情あふれる檜造りの半露天、四季折々の木々の彩りも鮮やか 3 歴史を感じさせる木造2階建ての外観

延命 湯けぶり地蔵尊

梅翁寺境内に、足湯に浸かるかわいらしいお地蔵様がいる。境内に源泉があり、そこに手ぬぐいを浸し、願いを込めてなでると「ぴんぴんしゃんしゃん」になる。との効用が伝わる。
MAP P109A3

上林温泉 🏯🏠♨️ゆ🧖
げんせんのやどじんぴょうかくほんてん
源泉の宿塵表閣本店

明治34年（1901）の創業以来、数多くの文人や芸術家が訪れた名宿。男女別の内湯と、混浴、女性専用の露天風呂がある。地元の米や野菜を使った料理も評判。
☎0269-33-3151 🏠山ノ内町平穏1409 🚌長野電鉄湯田中駅から長野電鉄バス上林温泉行きで15分、終点下車、徒歩7分 🅿30台 ●全6室 ●2015年改装 ●内湯2 露天4 貸切なし **MAP** P109C4

多くの文人墨客に愛された上林温泉の風格ある老舗宿

自然石を配した風呂に、樽風呂も設置された混浴の露天風呂

‡1泊2食付料金‡
平日3万6300円〜
休前日3万6300円〜
‡時間‡
IN15時　OUT10時

入浴の
ポイント

庭木の中の湯
単純温泉など2種類の源泉を引く。混浴の露天風呂には女性用の入浴着もある。

渋温泉 🏯ゆ
れきしのやどかなぐや
歴史の宿金具屋

自家源泉4本と共同源泉1本を引く風呂の充実ぶりが見事で、館内で湯めぐりが満喫できる。宿泊者限定で金具屋文化財巡りも実施。
☎0269-33-3131 🏠山ノ内町平穏2202 🚌長野電鉄湯田中駅から長野電鉄バス志賀高原方面行きで5分、和合橋下車、徒歩2分 🅿30台 ●全28室 ●1936年建築、他 ●内湯2 露天2 貸切5 **MAP** P109C3

渋温泉街の中心に立つ温泉街を代表する木造宿

温泉街でひときわ目を引く木造4階建ての斉月楼は国の登録文化財

‡1泊2食付料金‡
平日1万8850円〜
休前日2万2150円〜
‡時間‡
IN15時　OUT10時

入浴の
ポイント

老舗の貫禄満点
ロマン漂う造りの鎌倉風呂と浪漫風呂は男女交替制。貸切風呂5つは、空いていればいつでも無料で利用できる。

湯田中温泉 🏯🏠♨️🈂ゆ🧖
よろづや
よろづや

桃山文化の粋を集めた江戸時代建造の桃山風呂（国の登録有形文化財）が圧巻。併設の庭園露天風呂も見事だ。鉄筋8階建ての本館客室は和洋室もあり、全体にゆったりくつろげる空間になっている。
☎0269-33-2111 🏠山ノ内町平穏3137 🚌長野電鉄湯田中駅から徒歩7分 🅿30台 ●全28室 ●1996年改装 ●内湯2 露天2 貸切1 **MAP** P109A3

桃山風呂で知られる湯田中温泉きっての老舗

桃山風呂に併設された風雅な雰囲気が漂う庭園露天風呂

‡1泊2食付料金‡
平日2万2500円〜
休前日2万5500円〜
‡時間‡
IN15時　OUT10時

入浴の
ポイント

圧巻の豪華建築
本館向かいにある松籟荘（別館）の宿泊者も自由に桃山風呂を利用できる。

📖 昭和モダンが息づく老舗旅館、上林ホテル仙壽閣（**MAP** P109C4／☎0269-33-3551）も、さまざまなプランが揃っておすすめです。

温泉街にある個性的で
コスパ重視のコンセプト宿

昔ながらの温泉街のなかでも、ユニークで観光客にも人気のある、コストパフォーマンスのいい個性的な施設をピックアップ！

渋温泉
のざるほすてる
の猿HOSTEL

個室、ドミトリー、ミニキッチン、全室Wi-Fi可能と長期滞在にも対応。温泉は源泉100％かけ流しで提供され、内湯と露天風呂がある。

☎0269-33-3317 住山ノ内町平穏2034 交長野電鉄湯田中駅から長野電鉄バススノーモンキーパーク行きで5分、渋和合橋下車、徒歩4分 P3台 ●全4室 ●2013年築 ●内湯2 露天2 MAP P109C3

旅館の趣を残したホステル
内湯と露天は朝まで入浴可

個室は旅館だったころの趣をそのまま残している

ロビーにはソファや無料の卓球台が

✛ 1泊素泊まり料金 ✛
個室1人利用3900円〜
（利用人数により異なる）
ドミトリー1人3500円〜
✛時間✛
IN16〜22時 OUT10時

歴史ある旅館を
ゲストハウスに改装

広々とした10畳のツインルーム

県在住アーティストの作品を扱うクラフトショップを併設

✛ 1泊朝食付料金 ✛
平日1万2500円〜
休前日1万3410円〜
✛時間✛
IN14時 OUT10時

湯田中温泉
あいびや
AIBIYA

築70年の歴史ある旅館の雰囲気はそのままに、ゲストハウスとしてリノベーション。客室は『絞染曼荼羅』ののれんで色分けされている。温泉は近隣の宿の温泉を特別料金で利用するシステム。

☎0269-38-0926 住山ノ内町平穏3032 P4台 交長野電鉄湯田中駅から徒歩5分 ●全8室 ●2021年改装 MAP P109A3

渋温泉
こいしやりょかん
小石屋旅館

昭和初期に造られた建物は、現代の旅行スタイルに合わせて改装され、カフェも併設する。温泉は近隣旅館の名湯をめぐるシステム。

☎050-5527-5273 住山ノ内町平穏2277 交長野電鉄湯田中駅から長野電鉄バススノーモンキーパーク行きで5分、渋温泉下車、徒歩2分 Pなし ●全11室 ●2016年改装 MAP P109B3

昭和レトロとモダンが
見事に調和した旅館

温泉宿の雰囲気を味わえる個室

1階にはカフェ＆レストランがある

✛ 1泊素泊まり料金 ✛
1人6600円〜
（男性用ドミトリーは1人3500円〜）
✛時間✛
IN16時 OUT10時

源泉かけ流し 部屋食 エステあり 禁煙ルームあり 大浴場あり ひとり宿泊OK

世界で唯一！！
どうしておサルが温泉に入ってるの？

湯量豊富で個性ある9つの温泉がある湯田中渋温泉郷の一つ、
横湯川の渓谷にある地獄谷温泉に、サル専用の露天風呂があります。

{ サルたちの生態を じっくり観察 }

　世界のサル類は熱帯亜熱帯地域に生息しているが、雪の上で暮らすニホンザルは珍しく、「スノーモンキー」ともよばれ人気を集めている。

　現在、野猿公苑のニホンザルは約160頭。数頭の大人のオス、その2〜3倍の大人のメスと子どもたちから群れができている。ニホンザルの社会には夫婦関係がなく、第1位のオス（ボスザル）のもと、すべてのサルに順位が決まっているそう。冬の寒さをしのぐために、主にメスや子ザルたちが温泉に浸かることがあるのだとか。そんな様子を見ることができたらラッキー。温泉に浸かっていなくても、野生のサルたちの生態を観察できる貴重な時間をぜひ楽しみたい。

{ 野生のサルが温泉に入る 世界で唯一の場所 }

　地獄谷温泉は、志賀高原を水源とする横湯川沿いの温泉で、川床から湧く湯量豊富な温泉は上林温泉や渋温泉にも供給されていて、天然記念物指定の100℃近い温泉が吹きあげる「渋の地獄谷噴泉」も見られる。元治元年（1864）に開業した湯治場が現在は、一軒宿の

後楽館（☎0269-33-4376）として営業している。ある時、野生のサルが後楽館の露天風呂に入ることを覚えたのが「温泉に入るサル」の始まりだったといわれている。

　地獄谷には古くからサルの群れが生息していたが、地元の農産物を荒らしていたため、保護と観光をかねて餌付けをし、人がいても危険がないことを覚えさせ（ヒトづけ）、ニホンザルの生態を観察できる施設として昭和39年（1964）に野猿公苑を開苑。そして現在、サルが温泉に入る様子だけでなく、檻などを介さず一年を通して間近で野生のサルを観察できる貴重な施設として、世界中から観光客や研究者、写真家たちを集めている。

じごくだにやえんこうえん
地獄谷野猿公苑

一頭一頭の顔や、争い、遊び、子育て、サルたちのコミュニケーションの様子をじっくり観察してみよう。

DATA ☎0269-33-4379 住山ノ内町平穏6845 ￥入苑800円 時8時30分〜17時（11〜3月ごろは9〜16時）休無休 交長野電鉄湯田中駅から長野電鉄バススノーモンキーパーク行きで8分、終点下車、徒歩30分 Pあり MAP P105D2

┌─ 観察する時の注意！ ─┐
●なるべく離れて、さわらないこと
●目をじっと見つめないこと
●食べ物を見せない、与えないこと
●犬、猫などを連れて入れません

ドライブと天空散歩で、自然を体感 志賀高原をまるごと楽しもう！

2000m級の山々に囲まれた広大な高原。湖沼巡りや高山植物観察トレッキングなど数々の自然アクティビティを楽しめます。**広域MAP** P105D2〜E3

志賀高原の中心地·蓮池の新緑

🚗 ドライブアドバイス

上信越自動車道信州中野ICから志賀中野有料道路を経て志賀高原へと入る。北志賀高原へと向かう国道403号はそば街道として知られている。のどかな里山を縫って走る、国道292号の志賀草津道路は全長41km。爽快な山岳道路で長野·群馬県境にある渋峠は最高地点が標高2172mあり、日本国道最高地点を示す碑が立つので要チェックだ。

1 いわもとそばや 岩本そば屋

栽培から製麺まで手がける須賀川そばは絶品。写真は郷土料理はやそば400円。
☎0269-33-6536
🕐11時〜売り切れ次第終了 🈺木曜

2 しがこうげんろまんびじゅつかん 志賀高原ロマン美術館

美とロマンがテーマ。年4回、季節ごとに企画展を開催。設計は黒川紀章氏。☎0269-33-8855
💴500円 🕐9〜17時 🈺水·木曜（変動あり）

3 しがこうげんれきしきねんかん 志賀高原歴史記念館

志賀高原の発展に貢献した旧志賀高原ホテルの旧館を保存活用。☎0269-34-2253 💴入館無料 🕐9〜17時（5〜10月公開）🈺木曜

4 きっさこまくさ 喫茶こまくさ

ドライブの合間に地物を使ったパン220円〜やドリンク150円〜で休憩を。
☎0269-34-2811
🕐7〜21時 🈺不定休

5 ひがしだてやまこうざんしょくぶつえん 東館山高山植物園

標高2000mの山頂一帯10万㎡の敷地に約500種の植物が自生する。☎0269-34-2231 💴入園無料 🕐9〜16時（6月〜10月下旬営業）

6 よこてやまどらいぶいん 横手山ドライブイン

標高2100mに位置するドライブイン。眺望がよく、写真スポットとしても人気。
☎0269-34-2338 🕐9〜16時（4月下旬〜10月末営業）

ドライブルート 🚗

START
上信越道·信州中野IC
 国道403号 15km
夜間瀬温泉を過ぎたあたりから一気に上り坂に
須賀川
 ① 岩本そば屋
国道403号 10km
湯田中渋
国道292号 3km
細くくねった温泉街の石畳の道はゆっくり運転を
上林温泉
② 志賀高原ロマン美術館
国道292号 10km
丸池
③ 志賀高原歴史記念館
蓮池
県道 5km
発哺温泉
④ 喫茶こまくさ
東館山ゴンドラ
天空コース

そばの里須賀川

ヤマゴボウ(オヤマボクチ)の葉の繊維をつなぎに使い、地粉で手打ちした須賀川そばが名物。9月には花開き、一面のそば畑を白く染める。そばの花まつりは9月中旬、新そばまつりは10月下旬。

問合せ 須賀川そばの里づくり委員会
☎090-3096-3722

北志賀家電そば部 P.83

そば畑

須賀川

① 岩本そば屋

403

SORA terrace

● 竜王山 ロープウェイ
¥往復2400円～ ⏰9～19時(20分間隔)

● 北志賀フィッシングパーク 清流の里 P.83

竜王山 ▲1930m

信濃竹原駅
夜間瀬駅
長野電鉄長野線
上条駅

長野県 山ノ内町

五輪山

志賀中野有料道路
須坂・長野駅へ

♨湯田中温泉
湯田中駅
北信州やまのうち
♨渋温泉
♨上林温泉 ♨地獄谷温泉

喫茶こまくさ④
志賀パークホテル

志賀高原歴史記念館③

発哺温泉

丸池・蓮池
志賀高原 山の駅

② 志賀高原ロマン美術館

高山植物の宝庫東館山

標高2000mの東館山高山植物園では、希少で種類豊富な高山植物を見ることができる。7月のニッコウキスゲの群生時期は、あたり一面がオレンジ色に染まる。

東館山

高天ヶ原

東館山 ▲1994m

⑤ 東館山 高山植物園

寺小屋峰

天空コース
● 東館山 東館山ゴンドラ ＋高天ヶ原 サマーリフト
☎0269-34-2231
¥往復2000円 ⏰9～16時(営業日については要問合せ)

歴史を感じる丸池・蓮池

昭和12年(1937)開業の旧志賀高原ホテルの旧館が「志賀高原歴史記念館」に生まれ変わっている(写真左)。昭和を代表するリゾート地志賀高原の歴史を知れるスポットだ。また志賀高原のほぼ中心に位置し、白樺林に囲まれた蓮池(写真右)は癒やしスポット。一周10分程度で歩けるので、車を降りて高山植物を探しながら散策を楽しむのもいい。

● 前山 前山サマーリフト
☎0269-34-2108 ¥片道600円 ⏰営業日・時間等は要問合せ

大沼池

四十八池湿原

横手山 ⑥ ドライブイン

292

前山サマーリフト

横手山山頂 ▲2307m

群馬県 中之条町

横手山

陽坂

のぞき

スカイレーター＆スカイリフト 渋峠

志賀草津高原ルート

日本国道最高地点の道標

N

2km

標高2307mの横手山

志賀高原最高峰の横手山山頂からは晴れた日には富士山や北アルプス、新潟県の佐渡島まで一望できる。秋はスカイリフトから見下ろす全山の紅葉が見事。トレッキングコースも整備されている。

● 横手山 スカイレーター＆スカイリフト 渋峠ロマンスリフト
☎0269-34-2600 ¥往復1800円(どちらからでも往復可能)、6回乗車券2300円 ⏰8時45分～16時(ゴールデンウイーク～11月3日)

⑤ 東館山山頂	高天ヶ原	⑥ のぞき	横手山
東館山高山植物園	高天ヶ原サマーリフト	横手山ドライブイン	スカイレーター＆スカイリフト
空を近くに感じる爽快なドライブ。夏山がきれい	県道蓮池経由・国道 292 12km 湯煙が現れては消えるワイルドロードをドライブ	長野・群馬県境も近い。日本国道最高地点で記念撮影	スカイレーター＆スカイリフト

 志賀高原は日本に10カ所ある「ユネスコエコパーク」の一つ。国際的にも注目されています。

志賀高原の自然を満喫 ハイキングコースを歩こう

自然豊かな志賀高原には、散歩気分で楽しめる遊歩道から上級者向け登山道まで、レベルに応じたトレッキングコースがある。体力や技術に合わせて、広大なエリアを楽しもう。

自然探勝コース

START ▶ 蓮池バス停 → 徒歩約10分 → ワタスゲ平 → 徒歩約15分 → 下の小池 → 徒歩約5分 → 信州大学志賀自然教育園(長池) → 徒歩約20分 → 三角池 → 徒歩約25分 → 田ノ原湿原 → 徒歩約20分 → 木戸池バス停 GOAL

早春から秋まで咲き誇る花や木々を楽しむ

湿原の花々が咲き誇る田ノ原湿原をはじめ、新緑や紅葉の美しい木戸池など、みどころが随所にある初級〜中級向けのコース。志賀高原の自然を堪能するのに最適だ。

DATA
全長:4.1km　所要:約2時間
標高差:約160m

① 蓮池

志賀高原らしさあふれる池。付近には自然保護センターや食事ができる山の駅などがある。 **MAP** P79

② ワタスゲ平

ワタスゲやヒメシャクナゲ、ニッコウキスゲの撮影スポットとして知られている小さな湿原。 **MAP** P105D2

③ 信州大学志賀自然教育園・長池

一般にも公開されている信州大学の研究施設。志賀で3番目に大きい長池も近くにある。
MAP P105D2

⑤ 木戸池

白樺やダケカンバの森に囲まれた池。笠ヶ岳をバックに、四季折々の表情を見せる。
MAP P105D2

④ 田ノ原湿原

標高1610mに位置する湿原。木道の周辺では多くの種類の高山植物が楽しめる。
MAP P105D2

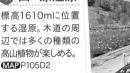

夏の夜の風物詩、石の湯ゲンジボタル

石の湯の岩倉沢は日本一標高の高いゲンジボタル発生の地として知られ、7月中旬〜8月中旬の最盛期には幻想的な光の舞をみせてくれる。☎0269-34-2133（志賀高原自然保護センター）**MAP**P105D2

横手山パノラマコース

START のぞきバス停 ▶ スカイレーター、スカイリフト 約11分 横手山山頂 ▶ 渋峠ロマンスリフト 約10分 **GOAL** 渋峠バス停

リフトを乗り継ぐ初心者向けコース

スカイレーター（動く歩道）やリフトを乗り継いで気軽に登れる。晴れた日には北信五岳・北アルプス・浅間山・富士山まで一望。標高2307mの雲上の空中散歩は爽快だ。

DATA 全長：1.5km 所要：約1時間 標高差：約307m

▶山頂から眺める景色も格別

2 横手山山頂

山頂には、日本最高地点にあるテラス「満天ビューテラス」をはじめ、「横手山頂ヒュッテ」や「クランペットカフェ」などがある。**MAP**P79

1 スカイレーター＆スカイリフト

スカイレーターとスカイリフトで一気に山頂へ。往復2000円。渋峠までの往復6回乗車可能なスーパーダブルは2500円。GW〜10月末まで営業。**MAP**P79

2307SKY CAFÉ
スカイレーター前にあるカフェ。食事やデザートメニューを用意。
☎0269-34-2600
🕐8時45分〜16時
🈳11月上旬〜4月下旬
MAPP105E3

横手山頂ヒュッテ
標高2307mにあり、雲海や夕日を眺めながら食事ができる

満天ビューテラス
晴れた日には富士山・乗鞍・北アルプスなどの大パノラマが望める。
☎0269-34-2600 🕐8時45分〜15時40分 🈳無休
MAPP105E3

1 東館山ゴンドラリフト

全長約1400m、約6分で東館山山頂へ。展望台からは、長野市方面・北アルプス・北信五岳などすばらしい眺望が望める。**MAP**P79

2 東館山高山植物園

標高2000mの東館山山頂エリアに設けられた、50年以上の歴史がある植物園。志賀高原に自生する500種類の貴重な高山植物が見られる。入場無料。**MAP**P79

3 高天ヶ原

トレッキングや自然観察ができる広大なエリア。山頂からは高天ヶ原サマーリフトを利用。足元に広がる自然の花や木々を眺めつつ空中散歩を楽しもう。**MAP**P79

東館山天空コース

START 発哺温泉山麓駅 ▶ 東館山ゴンドラリフト約6分 東館山高山植物園 ▶ 徒歩約10分、高天ヶ原サマーリフト約7分 高天ヶ原 ▶ 無料シャトルバス **GOAL** 発哺温泉

志賀高原を見渡し高山植物に出合える

東館山山頂には志賀高原のほぼ全域を眺められる展望台があり、天候に恵まれれば北信五岳や北アルプスも楽しめる。高山植物園では高原に自生する貴重な高山植物が見られる。

DATA 全長：3km 所要：約1時間15分 標高差：約520m

志賀高原●自然を満喫 ハイキングコースを歩こう

志賀高原の19コースを紹介したトレッキングマップ（https://www.shigakogen.gr.jp/green/trekking.html）が便利。

北志賀の自然の恵みを五感で感じてパワーチャージ

冬はスキー、春～秋は湿原や里山を巡るハイキングが楽しめる北志賀高原。
雲海が見られる絶景テラスや、そばの里として知られる須賀川のそばなど魅力いっぱい。

雲海に出合えるチャンスは朝夕の2回

そら てらす
SORA terrace

雲上のテラスから望む奇跡の絶景

標高1770mの竜王マウンテンリゾートに設置された絶景テラス。眼下には長野市や小布施町などが望め、気象条件が整えば幻想的な雲海が眺められる。カフェレストランなども併設。サンセットや満天の星も美しい。

☎なし 住山ノ内町夜間瀬11700 🕒9～19時(ロープウェイ) 休無休 交長野電鉄湯田中駅からシャトルバスで30分、山麓駅からロープウエイ(往復2400円～)で10分 P1500台(山麓駅) MAP P105D2

❶刻々と変わる空の色をイメージした、スカイソーダ3種類。各500円 ❷ソファやテーブル席などを備えた「SORA terrace cafe」❸地元名産のネマガリダケが入った雲海パイ包みスープ1000円

1

2

3

▲竜王オリジナルブレンドのコーヒーに雲海マシュマロをトッピング。SORA珈琲雲海マシュマロ付き750円

▼雲海マシュマロはおみやげにもぴったり。雲海マシュマロ6個入り1300円

雲海が見られる
絶好のチャンスを
要チェック！

「SORA terrace」の雲海発生率は65.9%（※2022年の雲海発生率）と高い発生率を誇る。狙い目は、山麓の気温が下がる朝夕や、日中の気温差が激しいとき。また、急な雨が降った後や、霧の中で空に日差しが見えた後の時間帯など。

▲生粉打ちそばにそばがきとそばピッツァ、日替わりの小鉢が付いた山の実コース2750円。ピッツァは4種から選べる

やまのみ
山の実

自家製粉生粉打ちそばをコースで

富山県南砺市蓑谷と、地元・須賀川の玄蕎麦を使用。製粉、そば打ち、ゆであげまでの工程をすべて店主が行う。そばがきやピッツァがセットになった山の実コース（要予約）がおすすめ。

☎0269-33-7577 住山ノ内町北志賀竜王高原 営11時30分〜14時30分 休冬期、その他は不定休（土・日曜、祝日は営業）交長野電鉄湯田中駅から車で20分 P20台 MAP P105D2

❶ ピッツァは店内の石窯で焼いている ❷SORA terraceへ行くロープウェイ駅から徒歩9分の場所

きたしがかでんそばぶ
北志賀家電そば部

ゴボウの繊維でつなぐそば

オヤマボクチというヤマゴボウの葉の繊維をつなぎにし、コシが強くのど越しもよいそばが味わえる。平日は4食〜予約のみ。土・日曜、祝日は10食なので予約がおすすめ。☎0269-33-6234 住山ノ内町夜間瀬中須川8156 営10〜14時ごろ（売り切れ次第終了）休冬期、ほか不定休 交長野電鉄信州中野駅から車で20分 P10台 MAP P105D2

❶ 元は電気店なのでこの店名になったという ❷ 季節の野菜料理が付く北志賀高原霧下そば1200円

きたしがふぃっしんぐぱーくせいりゅうのさと
北志賀フィッシングパーク清流の里

とれたての魚をその場で

竜王山を源流とする倉下川を引き込み、自然に近い状態で養殖。イワナやニジマスを使った料理が評判。とろける食感が特徴の信州サーモンもおすすめ。☎0269-33-6088 住山ノ内町夜間瀬11844-2 営9〜16時 休火・水曜（祝日の場合は営業）交長野電鉄信州中野駅から車で30分 P30台 MAP P105D2

❶ ニジマスの塩焼き400円、唐揚げ300円、信州サーモン刺身500円など ❷GW〜10月の間は釣り堀で釣った魚を調理してもらえる

清流の里での釣り料金は調理込みの値段で、100gにつきイワナ350円、ニジマス300円。

お湯に癒やされ、町に心和んで
野沢温泉そぞろ歩き

豊富な源泉を誇る信州の名湯。外湯をハシゴしつつ
素朴な温泉街をぶらり歩けば、地元の人とのふれあいに心が和みます。

野沢温泉って
（のざわおんせん）
こんなところ

山里の風情あふれる温泉街

8世紀前半に修行僧が発見したと伝わる、歴史ある湯処。湯けむり漂う山あいの温泉地は、スキーと野沢菜、鳩車の山里として親しまれてきた。温泉街には源泉・麻釜のほか13の共同浴場が点在しており、ぐるりと歩いても30分ほど。

アクセス 飯山駅から野沢温泉ライナーで25分、終点下車
広域MAP P105D1

▲写真右手の大湯を中心に、細い路地が縦横に広がる温泉街

▼卵をゆでたり、足湯を楽しめるミニ温泉広場湯らり（冬期閉鎖）**MAP** P109B1

大湯から
徒歩3分

 外湯めぐり
（そとゆめぐり）

13の外湯、いくつ入れる？

温泉街には源泉を引く外湯があり、住民の組織「湯仲間」によって維持管理されている。誰でも入れるがマナーを守って利用しよう。外湯に祀られた十二の神将に手を合わせながら、野沢のみどころをまわる「集印めぐり」に挑戦するのもいい。

💴入浴無料（寸志として賽銭箱に気持ちを）🕙5〜23時（11〜3月6時〜）休無休（清掃のため入浴できない日・時間あり）🅿公共駐車場を利用

1 2 集印帳462円は観光案内所などで販売。集印台（写真右）に用紙を当てて備え付けの棒でこすると、印影が複写される

▼外湯は村の人の日常生活が息づく場でもある。写真は大湯 **MAP** P109B2

▲横落の湯。ここは浴室と脱衣場が別室だが、ほとんどの外湯は浴室内に脱衣場がある **MAP** P109B2

▲硫黄の香りがする真湯も、人気の外湯の一つだ **MAP** P109B1
◀民宿街の中に立つ松葉の湯 **MAP** P109B2

湯沢神社 (ゆざわじんじゃ)

健命寺 (けんめいじ)

温泉街の上に立つ社寺

湯沢神社は本殿の彫刻がみどころ。隣接する健命寺は曹洞宗の古刹。江戸時代に住職が京都から天王寺蕪の種を持ち帰り栽培したのが、野沢菜の発祥になったといわれている。

▲温泉街から坂を上った杉林の中に立つ湯沢神社

◀健命寺にある野沢菜発祥の地碑

☎0269-85-2063(健命寺) ¥🈵拝観自由 🚌バス停野沢温泉から徒歩6分 🅿公共の駐車場を利用 MAP P109B1

徒歩2分

麻釜 (おがま)

村人の生活が息づく野沢の台所

野沢温泉の代表的な源泉。温度によって使い道が異なり、大釜、茹釜、丸釜など5つの釜に分けられている。地元の人が野菜や卵をゆでる姿は野沢温泉を代表する光景。村民以外は立入禁止のため柵の外から見学を。

▲地元の人のコミュニケーションの場でもある

🈁野沢温泉村湯豊郷 ¥🈵見学自由 🚌バス停野沢温泉から徒歩5分 🅿公共の駐車場を利用 MAP P109B1

徒歩2分

麻釜温泉公園「ふるさとの湯」 (あさがまおんせんこうえん「ふるさとのゆ」)

湯屋建築の趣のある建物

ふるさとの情景を再現した麻釜温泉公園の一角に立つ入浴施設。露天風呂が備わり、浴場にはシャワーブース、シャンプー、ボディソープも完備。

▲内湯はあつ湯・ぬる湯に分かれており、熱い湯が苦手な人も入りやすい

▼湯屋造りの大きな建物

☎0269-85-3700 🈁野沢温泉村湯豊郷8734 ¥入浴500円 ⏰10〜20時(最終受付19時30分) 🈺木曜(祝日の場合は翌日) 🚌バス停野沢温泉から徒歩3分 🅿公共の駐車場を利用 MAP P109B1 ※2024年5月〜9月上旬まで休館

ぶらり立ち寄り処

📙三久工芸 (さんきゅうこうげい)

野沢の伝統工芸品、アケビ蔓細工

野沢温泉に古くから伝わるアケビ細工を販売。大きさもさまざまな籠や木工品、布製品が並ぶ。

☎0269-85-2178 🈁野沢温泉村河原湯 ⏰9〜17時 🈺水曜(4〜12月) 🚌バス停野沢温泉からすぐ 🅿5台 MAP P109B1

📙松泉堂 (しょうせんどう)

できたてに出合えるかも

温泉まんじゅうは1個100円。ホカホカもいいが冷めてもおいしいのでみやげにもおすすめ。

☎0269-85-2114 🈁野沢温泉村豊郷8757-3 ⏰8時30分〜16時 🈺水曜 🚌バス停野沢温泉から徒歩3分 🅿1台 MAP P109B1

☕なっぱカフェ (なっぱかふぇ)

ちょっとレトロでおしゃれなカフェ

ミニ温泉広場湯らりの隣にある。手作りのランチやコーヒー450円などを味わえる。

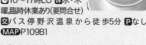

☎080-1250-7878 🈁野沢温泉村豊郷8661-1 ⏰10〜17時LO 🈺水・木曜、臨時休業あり(要問合せ) 🚌バス停野沢温泉から徒歩5分 🅿なし MAP P109B1

☕カルテ (かるて)

散策途中に一服したい隠れ家カフェ

民家の書斎を改造。蔵書を片手に、ケーキ450円〜やこだわりの紅茶を。

☎0269-85-2016 🈁野沢温泉村豊郷9496 ⏰10時30分〜16時30分LO(金〜日曜、祝日は19時〜21時30分LOも営業) 🈺月曜(祝日の場合は翌日) 🚌バス停野沢温泉から徒歩2分 🅿1台 MAP P109B2

📖 野沢温泉のイメージロゴ「湯」の文字は名誉市民でもある岡本太郎の作。村内各所に作品が展示されています。

名湯・野沢温泉にお泊まりして
お湯も風情も満喫

お泊りして心ゆくまで楽しみたい、山里のいで湯。
宿でホッとくつろいだら、下駄を借りてふらりと町へ。

＋1泊2食付料金＋
2万2150円～
＋時間＋
IN13時 OUT11時

❶宿のシンボルはステンドグラスの窓がある浴室。ぜひ明るいうちに入りたい。男女交替制 ❷北信五岳の眺望が自慢の客室「妙高」❸野沢に伝わる祝膳料理の取り回し鉢は定番の芋なますなど数品が並ぶ

むらのほてるすみよしや
村のホテル住吉屋

郷土料理が楽しみな歴史薫る宿

源泉・麻釜の目の前にあり、古くから文豪たちに愛されてきた、歴史ある宿。楽しみは自家源泉の風呂と、郷土料理の「取り回し鉢」を取り入れた食事。11室ある客室はそれぞれ趣の異なる造りになっている。

☎0269-85-2005 🏠野沢温泉村豊郷8713 📠バス停野沢温泉から徒歩5分 🚌送迎は村内バス停まで（要予約）🅿12台 ●全11室（和4室、和洋7室）●1869年開業、1970年ごろ改築 ●内湯男女各1（うち露天風呂付き1）MAP P109B1

おんせん満喫

泉質はナトリウムカルシウム硫酸塩泉、弱アルカリ性・低張性高温泉で効能もさまざま。

＋1泊2食付料金＋
平日1万3200円～
休前日1万4300円～
＋時間＋
IN14時 OUT11時

のざわおんせんほてる
野沢温泉ホテル

湧き出る源泉を所有するホテル

温泉街の中心にあり、外湯めぐりや散策にも便利。源泉を所有していて、すべての湯処で鮮度が高く、泉質のいい源泉かけ流しの湯が楽しめる。寝湯を備えた大浴場と3つの露天風呂があり、貸し切りできる露天風呂も。和・洋・和洋と客室のタイプも多彩。

☎0269-85-2011 🏠野沢温泉豊郷7923-3 📠バス停野沢温泉から徒歩8分 🚌送迎なし 🅿30台 ●全26室 ●2018年10月改装 ●内湯2、露天3 MAP P109B2

おんせん満喫

専用の露天風呂が付いた客室が人気。和洋室タイプは美濃焼、和室は檜の風呂が付いている。

❶季節や時間により瑠璃色から乳白色と湯の色が変わる瑠璃の湯。時間帯で男女入れ替えとなる ❷大正時代に湯治宿として創業 ❸夕食は地元の旬の素材を使った会席膳 ❹リニューアルしたデラックスルーム

🏠源泉かけ流し 🍴部屋食 💅エステあり 🚭禁煙ルームあり 🛁大浴場あり 🧍ひとり宿泊OK

ときわやりょかん
常盤屋旅館

自然湧出の源泉が注ぐ名物風呂

情緒ある大湯通りの中心地に立つ、江戸時代創業の380年以上の歴史ある老舗旅館。3つの源泉が注ぐ光明皇后様の千人風呂と、子宝薬師の湯、それぞれ異なる泉質を、男女入替制で両方楽しめる。湯は自然湧出で、飲泉ができる鮮度と効能が自慢。

☎0269-85-3128 個野沢温泉村豊郷9347 交バス停野沢温泉から徒歩4分 ■送迎なし ■14台 ●全15室(和14室、和洋1室)●1644年開業、2009年9月大規模改装 ●内湯男女各1 MAP P109B2

おんせん満喫

源泉も趣も異なる2つの大浴場は、すべてが自噴源泉かけ流し。

+1泊2食付料金+
平日1万9800円~
休前日2万3100円~
+時間+
IN15時 OUT10時

1 ぬる湯からあつ湯まで3つの湯船がある千人風呂。寝湯もある 2 気軽に箸で食べられる、常盤屋オリジナルの和×フレンチの創作フルコースが人気 3 メイン通りにあり、すぐ隣は大湯

りょかんさかや
旅館さかや

伝統の湯屋造りの大浴場は圧巻

江戸時代には造り酒屋を営み、天領の本陣を務めた歴史をもつ旅館。大浴場の鷹の湯は宮大工による伝統的な湯屋建築で、天然木がふんだんに使われ、その広さも迫力がある。自家源泉から自然湧出する硫黄泉の湯を楽しもう。男女とも露天風呂もある。

☎0269-85-3118 個野沢温泉村豊郷9329 交バス停野沢温泉から徒歩3分 ■送迎なし ■30台 ●全29室(和19室、和洋10室)●1994年改築 ●内湯男女各1(各露天風呂付き)、貸切風呂1 MAP P109B2

おんせん満喫

名物の大浴場のほかに男女別の露天風呂(写真)、貸切内湯もある。

+1泊2食付料金+
平日・休前日とも
1万8000円~
+時間+
IN15時 OUT11時

1 大湯からすぐ上という好立地 2 掘りごたつもある次の間付き和室 3 地元産素材を生かした信州創作和食 4 あつ湯、ぬる湯、腰湯などに分かれている大浴場の鷹の湯。木と硫黄の香りが漂う空間で癒されよう

ごはんが楽しみなおすすめ民宿

ゆやど とうふや
湯宿 とうふや

温泉と自家製とうふ料理

とうふ店が営む宿。旬のものが並ぶ食膳にファンが多い。

☎0269-85-4102 交バス停野沢温泉から徒歩5分 ¥1泊2食付夏期1万2250円、冬期1万50円 ●全10室 ●内湯男女各1(天然温泉) MAP P109B2

あぜがみかん
畔上館

麻釜からほど近い料理宿

滝の湯まで40m、遊ロードまで3分の料理宿。2019年に全部屋を、2023年に外観を改装した。☎0269-85-2280 交バス停野沢温泉から徒歩7分 ¥1泊2食付1万4400円~ ●全8室 ●貸切風呂あり(非温泉) MAP P109B1

大湯通りの野沢温泉朝市は5~10月の日曜のほかGWなど特定日に開催(6時~7時30分)。特産品やとれたて野菜が並びます。

城下町の面影残る町で、静寂の時を感じてみましょう

山々と千曲川に囲まれた自然豊かな飯山を、「雪国の小京都」と言ったのは島崎藤村。寺めぐりや里山暮しを訪ねてみましょうか。

◀▲境内に、この地にスキーを伝えたとされる住職の像が立つ妙専寺 MAP P89

▼旧飯山駅前に100年前の仁王像を安置した仁王門がある MAP P89

飯山って
こんなところ

**千曲川のほとり
ノスタルジックな町**

飯山は、上杉謙信公と景勝公の2代によって築城された飯山城を中心に、市街地だけでも20以上の寺がある寺の町として知られている。飯山城址西方の丘の麓には多くの古刹や名刹が並び、静寂な時間が流れている。じっくり寺巡りや歴史散策を楽しみたい。また、飯山周辺は四季折々の自然が豊かで、トレッキングの拠点にもなっている。

問合せ ☎0269-62-7000（信越自然郷飯山駅観光案内所） アクセス JR北陸新幹線・JR飯山線飯山駅下車 広域MAP P105D1

① 寺めぐり遊歩道

自然を愛でながら歴史散策

山の麓に点在する寺々の歴史にふれ、飯山を訪れた文人墨客の足跡を偲ぶ散策に最適なのが寺めぐり遊歩道だ。石畳風の小路は、ところどころに古い社を挟みながら寺を結んでいる。足元に咲く可憐な花々にも目を向けたい。

¥⊕⊕休拝観自由 交JR飯山駅から徒歩15分

▲丘の斜面の小路が寺を結ぶ
▼ところどころに道標が立つ

■忠恩寺。飯山藩主であった松平氏、本多氏の菩提寺。境内には、現代風で親しみのある黄金の観音像も立っている
②見事な天井絵がある

■常福寺。飯山藩主・佐久間備前守が移転させた曹洞宗の寺。いいやま七福神の大黒天も祀っている
②門前に奉られた大黒天

1 通りには市の伝統産業である仏壇店が並ぶ 2 雁木は冬を快適に過ごすための雪国ならではの知恵。家の軒を延ばして雪よけの屋根にしており、昔ながらの街並みをつくっている

② 雁木通り
（がんぎどおり）

雪国ならでは
雁木の下を歩く

雁木とは雪国の商店街などで見られる、雪よけ用の屋根のこと。市内の商店街では約300mの区間で雁木が再現されている。また、古くから続く仏壇店が軒を連ねていることから、別名・仏壇通りともよばれている。

¥⏰通行自由 🚃JR飯山駅から徒歩15分

③ 高橋まゆみ人形館
（たかはしまゆみにんぎょうかん）

どこか懐かしい風景に出合う

人形作家、高橋まゆみ氏の作品を常時約100体展示。人形の世界とふるさとの原風景が同時に楽しめる空間。人形の表情やしぐさ、ひとつひとつを間近で見ることができ、やさしい時間に浸れる。

☎0269-67-0139 🏠飯山市飯山2941-1 ¥620円 ⏰9〜17時（12〜3月は10〜16時）🈺水曜（祝日の場合は開館、10月は無休）、年末年始、臨時休館あり 🚃JR飯山駅から徒歩20分 Ｐ周辺の市営駐車場を利用

創作人形／高橋まゆみ
©高橋まゆみ人形館

1 思わず引き込まれる作風 2 年2回展示内容が変わるギャラリー 3 手作りスイーツが人気のcafé花 あかりを併設している

散策立ち寄り処

伊村屋
（いむらや）

モダンな店内には、昔ながらの和菓子が並ぶ。落雁のような正受庵12個入り1080円は、飯山の銘菓として知られる。

☎0269-62-2312 🏠飯山市飯山3005-1 ⏰9〜19時 🈺水曜（祝日の場合は営業）🚃JR飯山駅から徒歩10分 Ｐ3台 MAP P89

喜楽堂
（きらくどう）

千代の梅1個150円が看板商品。小豆餡を求肥とシソの葉で包んだ菓子は、みやげとしても喜ばれる。最中も絶品。

☎0269-62-3061 🏠飯山市本町1201-2 ⏰8時〜18時30分 🈺不定休 🚃JR飯山駅から10分 Ｐなし（商店街の駐車場あり）MAP P89

そば処 源
（そばどころ みなもと）

飯山駅の目の前にある店。店内の石臼で挽いた信州産のそばは、ざるそば700円（大盛900円）でぜひ。おでん50円〜も人気。

☎0269-62-1163 🏠飯山市南町23-2 ⏰11時30分〜14時、17時〜19時30分 🈺月・火曜 🚃JR飯山駅から徒歩5分 Ｐ8台 MAP P89

おすすめコース
（ぐるり散策時間 約2時間）

スタート	JR飯山駅
	↓ 徒歩15分
① 寺めぐり遊歩道	
	↓ 徒歩すぐ
② 雁木通り	
	↓ 徒歩1分
③ 高橋まゆみ人形館	
	↓ 徒歩20分
ゴール	JR飯山駅

老舗和菓子店もチェック
寺めぐりは寺めぐり遊歩道沿いだけで約1時間。城下町ゆえに老舗和菓子店が多いのも楽しみの一つ。

飯山
手すき和紙体験工房
正受庵 P96
① 寺めぐり遊歩道（冬期閉鎖）
飯山市美術館 P97
西敬寺
忠恩寺
称念寺
妙専寺
光蓮寺
常福寺
本光寺
大聖寺
① 寺めぐり遊歩道
② 雁木通り
展示試作館「奥信濃」
北飯山
JR飯山線
伊村屋
飯山
仁王門
③ 高橋まゆみ人形館
蓮證寺
西来寺
本町
仲町交番前
田中屋酒造店 P91
真宗寺
そば処 源
南町
飯山城址
JR北陸新幹線
喜楽堂

📖 展示試作館「奥信濃」の「極楽金箔トイレ」は、天井から壁、扉までまばゆい金色に輝いています。極楽気分で寄ってみてはいかがでしょう。

89

飯山 ● 飯山 寺めぐりさんぽ

美酒ぞろいのワインと日本酒
信州発の地酒はいま注目の的

水よし、土よし、空気よしの北信州には隠れた"銘酒"がたくさん。
遠回りしてでも手に入れたい、うまい酒を醸す蔵元をご紹介します。

ウエディング
もできるって

▲晴れた日は庭に出て、さわやかな風を浴びよう

◀ワインツアーやイベントもある

◀のどかな風景はヨーロッパの
ような美しさ

飯綱町

さんくぜーる・わいなりー

サンクゼール・ワイナリー

丘の上のワイナリーでのんびりと

北信五岳を望む飯綱町の小高い丘の上に、ブドウ畑、ワイナリー、レストラン、チャペル、ショップなどが点在している。周囲に広がる田園風景とも相まって、まるでフランスの田舎町のワイナリーを訪れたような気分に浸れる。

●サンクゼール・ワイナリー・久世福商店本店　☎026-253-8002
住飯綱町芋川1260　休1～3月は10～16時、不定休。4～12月は9～17時、無休　交しなの鉄道北しなの線牟礼駅から車で5分　P50台　MAP P104C2
●ワイナリーレストラン・サンクゼール　☎026-253-8070　ランチ11時～14時30分LO、ディナー17時30分～19時LO※ディナー営業は不定期のためHP要確認　休1～3月の水曜

▲自社畑のブドウを使ったシャルドネや飯綱町のリンゴを使ったシードル、アップルブランデーが人気

◀サラダ・シチュー・パン・デザート・コーヒーが付くランチお任せセット

▲新酒ができたことを知らせる酒林

好みのワインを選んであげるよ

1 気をつけないと見過ごしてしまいそうな入口 **2** シャインマスカットスパークリング（720mℓ 2750円）など多くのワインが並んでいる。ワイン選びに迷ったときはスタッフに相談を

中野市
たかやしろわいなりー

たかやしろワイナリー

小さいけれど充実の品揃え

中野市のシンボル的存在の高社山南麓に自社のブドウ畑をもち、栽培から加工、販売までを自らの手で行っている。ジャムやジュース類も製造し、全国にファンが多いワイナリーだ。

☎0269-24-7650 住中野市竹原1609-7 🕘9〜17時 休日曜、祝日 交長野電鉄湯田中駅から車で20分 ℗10台 MAP P105D2

▲純米大吟醸生酒 鴻山（中、500mℓ）は3300円

▲昔ながらの手造りの酒を醸造している

小布施町
ますいちむらしゅぞうじょう

桝一市村酒造場

小布施オリジナルの銘酒をみやげに

江戸・宝暦年間（1751〜64）から続く酒蔵で、大吟醸、山廃桶仕込みなどを醸造している。醸造している酒はすべて純米酒だ。ボトルデザインにもこだわり、一般に流通していない店限定販売の酒も多い。陶器瓶入り純米酒スクウェア・ワンは750mℓ3300円。

☎026-247-2011 住小布施町小布施807 🕘9時30分〜17時（季節により変更あり） 休無休 交長野電鉄小布施駅から徒歩8分 ℗なし MAP P108A4

飯山市
たなかやしゅぞうてん

田中屋酒造店

売り切れ御免の淡麗辛口酒

冬は2mを超える積雪に覆われたなかで酒造りが行われている。仕込み水は水尾山麓から湧出する天然水、酒米も長野県産にこだわるさらりとした飲み口。試飲も行っている。

☎0269-62-2057 住飯山市飯山2227 🕘9時〜17時30分（土曜は〜17時） 休日曜、祝日 交JR飯山駅から徒歩12分 ℗3台 MAP P89

▶水尾 純米吟醸（右、1.8ℓ3960円）、水尾 純米大吟醸（左、720mℓ4950円）。豊かな香りと味わいは料理を選ばない

▲飯山の旧町内に蔵を構えている

 ワイナリーや酒蔵では、事前予約をすると製造工程などを見学できる施設が多いです。

北信州

おいしいものはココで買う
道の駅&農産物直売所をチェック！

北信州は果物と野菜の宝庫。新鮮なみやげを探すなら、
道の駅や農産物直売所が絶対おすすめです。

[山ノ内町]
みちのえき きたしんしゅうやまのうち
道の駅 北信州やまのうち
季節のフルーツが豊富

農産物直売所では地元農家栽培の新鮮な果物や野菜がリーズナブルな価格で販売される。食堂では地粉8割の自家製麺のほか、すがかわ法印そば（土・日曜、祝日限定25食）が人気。

☎0269-31-1008 住山ノ内町佐野393-2 時道の駅8時30分～18時（農産物直売所は～16時30分、冬期は変更）、食堂11～15時 休無休（臨時休業あり）交上信越道信州中野ICから約10km P76台

◀志賀高原の貴重な根曲がり竹が入った竹の子おこわは、6月下旬～7月中旬の期間限定で販売している

▲とんがり屋根が目印

▶山ノ内町は果樹栽培が盛んでリンゴの名産地。道の駅に併設する農産物直売所では多種類のリンゴが販売されている

笹寿司

戦国時代に上杉謙信に贈った野戦食といわれる素朴な山里のすし。笹の上に酢飯、ゼンマイ、シイタケなどがのる

リンゴ

日照時間の長さと昼夜の温度差が色、糖度、肉質など優れたリンゴを作る。つがる、ふじのほか、多数の品種がある

桃

川中島白桃は長野県を代表する品種。そのほか、白鳳、なつっこなど、さまざまな品種が7～9月に出回る

ブドウ

全国でも長野県は屈指のブドウ産地。巨峰やシャインマスカット、ナガノパープルなど多品種が栽培されている

[飯山市]
みちのえき「はなのえき ちくまがわ」
道の駅「花の駅 千曲川」
季節の花が美しい好ロケーション

飯山市と周辺地域の観光情報や農産物が充実。café 里わでは、地元の旬の食材を使ったメニューが人気。ビジターセンターとモンベル飯山店が併設している。

☎0269-62-1887 住飯山市常盤7425 時農産物直売所・おみやげコーナー8～17時、ほか施設により異なる 休農産物直売所・おみやげコーナー1～3月の木曜、ほか施設により異なる 交上信越道豊田飯山ICから約12km P138台 MAPP105D1

◀ご当地ソフトのスノーキャロット420円

▼ビジターセンターとモンベル飯山店

▲農産物直売所・おみやげコーナーには地元野菜や特産物、オリジナル商品が並ぶ

桃の里の景勝地で
春を満喫しましょう

洋画家の岡田三郎助が、一面の桃の花の景色を見て、「まるで丹い霞がたなびいているようだ」と言ったことから、「丹霞郷」と命名された。桃の花の見頃は4月下旬。☎026-253-7788（飯綱町観光協会）MAP P104C2

▶栗の産地・小布施ならではの栗おこわはホクホクで絶品

▼ホイップクリームと小布施産栗のペーストを合わせたクリームを、地元で半世紀以上愛されるオブセ牛乳を使った生地でサンドした栗のなまどらやき

小布施町
みちのえき おあしすおぶせ
道の駅 オアシスおぶせ
栗や季節のフルーツ製品が豊富

上信越道から一般道に下りずにアクセスでき、隣接する公園にはドッグランなどの施設も充実。食事処やみやげ処では小布施の名物・栗の加工品が多くみやげ選びも楽しい。一角に農産物直売所もある。

☎026-251-4111 住小布施町大島601 ⏰9～18時（食事処は17時30分LO）※季節により変動あり 休不定休 交上信越自動車道小布施スマートICからすぐ P120台 MAP P108A2

▲上信越自動車道小布施PAに直結している。スマートICもある

▲オアシスおぶせオリジナルの栗焼酎栗どっこ。旅のみやげにぜひ

野菜

ズッキーニ、ピーマン、キュウリなどのほか、坂井芋（飯山市）や小布施丸なす（小布施町）など信州の伝統野菜もある

きのこ

山に囲まれた信州はきのこの宝庫。えのきたけ、ぶなしめじ、なめこは全国一の生産量。季節の天然ものも豊富

米

冷涼で昼夜の温度差が大きい信州はおいしい米作りに適している。長野県で作られる米の7割がコシヒカリ

山菜

春には、こごみ、たらの芽、わらびなど種類は数えきれないほど。雪深い山間部に育つネマガリダケも信州ならではの味覚

中野市
のうさんぶっさんかんおらんちぇ
農産物産館オランチェ
旬の野菜や果物、特産物が豊富

JA中野市の直売所で、農家が毎朝運ぶ、旬の野菜、果物、特産物は驚くほどリーズナブル。名産のきのこと地元の味噌を使って作る、きのこ汁の無料振る舞いイベントも人気。

☎0269-23-5595 住中野市草間1543-5 ⏰9～17時 休無休 交上信越道信州中野ICからすぐ P150台 MAP P104C2

▶地元の新鮮な野菜が販売される店内。多数の野菜が届けられる午前中がおすすめ

▲きのこ汁の無料振る舞いイベントも開催

北信濃の農産物直売所では、北米原産の「ポーポー」という珍しい果実を見かけることがあります。旬は秋。甘くて香りが強いのが特徴です。

ココにも行きたい

おすすめ日帰り温泉♨案内

北アルプスの山々

山ノ内町 単純温泉
よませおんせん とおみのゆ
よませ温泉 遠見の湯

田園風景や温泉街を一望にする

北志賀よませスキー場下に立つホテルセランの前庭に設けられた日帰り温泉施設。内湯はないが、広々とした男女別の露天風呂からは、山ノ内町や中野市街を眼下に、志賀高原方面の山並みや善光寺平の大パノラマが満喫でき、信州サンセットポイント百選にも選ばれている。雪景色も美しい。
DATA☎0269-33-2020 住山ノ内町夜間瀬6995 ¥入浴600円（土・日曜、祝日800円）⏰14～22時（土・日曜・祝日11時～）休メンテナンス日 交長野電鉄信州中野駅から車で10分 P60台 MAP P105D2

野沢温泉村 単純硫黄泉
のざわおんせんすぱりーな
野沢温泉スパリーナ

水着で楽しむ大露天・展望風呂

水着で入れる日帰り温泉施設。夏は屋外にあるプールを満喫し、冬はスキーの後などに利用したい。レストランでは、特産物の野沢菜をアレンジした自慢のメニューも揃う。レストランのみの利用も可能。
DATA☎0269-85-4567 住野沢温泉村豊郷6748 ¥入館700円 ⏰12時～20時30分（入浴受付とレストランは～20時）。冬期は時間変動あり。要問合せ 休水曜、5月と11月にメンテナンス休館あり（冬期無休）交JR飯山駅から野沢温泉ライナーで25分、終点下車、徒歩10分 P100台 MAP P109B2

飯山市 単純温泉
とがりおんせん あかつきのゆ
戸狩温泉 暁の湯

美肌効果も期待できる湯を源泉で

戸狩温泉スキー場のペガサスゲレンデ下にあるウッディな外観の日帰り温泉施設。もちろん、グリーンシーズンも利用でき、露天風呂からは北信濃ののどかな山里風景を楽しむことができる。源泉100％の温泉は美肌効果があると女性客にも好評。木のぬくもりを感じられる内湯と、野趣あふれる岩風呂の露天風呂がある。
DATA☎0269-65-2648 住飯山市豊田6530-1 ¥入浴650円 ⏰11～20時（最終受付19時30分）休無休 交JR戸狩野沢温泉駅から車で5分 P40台 MAP P105D1

妙高山

中野市 塩化物泉
まやまおんせん ぽんぽこのゆ
間山温泉 ぽんぽこの湯
圧倒される開放感に浸る湯

山の斜面に立地し、大浴場・露天風呂の両方から、眼下に中野市街を見下ろし、その平野部を囲むようにそびえる北信五岳を一望できる。なかでも、サンセットは最高で、大浴場や開放感満点の露天風呂からの眺めは感動的。家族でくつろげる和室やレストランなどもある。

DATA ☎0269-23-2686 住中野市間山956 ¥入浴450円 ⏰10〜21時 休木曜 交長野電鉄信州中野駅から車で15分 P70台 MAP P105D2

長野市 塩化物泉
とよのおんせん りんごのゆ
豊野温泉 りんごの湯
ファミリーで楽しめる施設が充実

広々とした大浴場や、北信濃のパノラマを望む露天風呂が好評。美人の湯として知られる弱アルカリ性塩化物泉という泉質のよさがうり。各種教室やイベント、メニュー豊富なレストランなど、湯上がりにくつろげる施設も充実。豊野町は県内有数のリンゴの産地で、毎月5の付く日のりんご風呂が名物。
DATA ☎026-257-6161 住長野市豊野町石417 ¥入浴410円（18時以降は350円）⏰10〜22時（受付は30分前まで）休第4火曜（祝日の場合は翌日）交JR豊野駅から徒歩15分 P166台 MAP P104C2

山ノ内町 塩化物泉
ゆだなかえきまえおんせん かえでのゆ
湯田中駅前温泉 楓の湯
目の前に電車が?!

湯田中駅に隣接する日帰り温泉施設で、電車の待ち時間にさっと利用できるのが便利。造りの異なる大浴場と露天風呂を備えた浴場が2カ所あり、月ごとに男女が入れ替わる。
DATA ☎0269-33-2133 住山ノ内町平穏3227-1 ¥入浴300円 ⏰10〜21時 休第1火曜（祝日の場合は翌日）交長野電鉄湯田中駅からすぐ P19台 MAP P109A3

飯山市 アルカリ性単純温泉
いいやまゆたきおんせん
いいやま湯滝温泉
千曲川の風情と料理、温泉を満喫

良質な天然温泉と地元の旬菜を生かした料理が自慢。肌にやさしいアルカリ性単純温泉は美人の湯ともいわれており、保湿効果も高い。悠々と流れる千曲川の眺望のよさばらしい。食堂では飯山特産のみゆきポークを使った手作り料理が人気。休憩スペースも完備している。
DATA ☎0269-65-3454 住飯山市一山1898 ¥入浴550円 ⏰10〜21時（最終受付20時30分）休火曜（祝日の場合は営業、振替休館日あり）交JR上境駅から徒歩5分 P90台 MAP P105D1

須坂市 単純温泉
せきやおんせん ゆっくらんど
関谷温泉 湯っ蔵んど
癒やしと食を楽しむ

須坂市街から菅平方面に向かった郊外の山里にある。風呂は浴槽の数が多いのが自慢で、和風と洋風の2カ所あり、日替わりで男女入替制。
DATA ☎026-248-6868 住須坂市仁礼7 ¥入浴700円 ⏰10〜21時（土・日曜、祝日は〜22時、最終受付各1時間前）休不定休（メンテナンス日休み）交長野電鉄須坂駅から長野電鉄バス仙仁行きで25分、湯っ蔵んど前下車 P約250台 MAP P104C3

ココにも行きたい

湯田中渋・野沢・飯山・木島平のおすすめスポット

湯田中渋
はたかんせいどう
🏠 羽田甘精堂

創業90年以上の老舗和菓子店

渋温泉の入口近くにある3代続く和菓子店。温泉まんじゅうやしそ巻は創業以来変わらない自家製のこし餡を使った味を守り続ける。3代目が考案した、そば粉を使った冷たい餅のはやそばもち12個850円（冷凍販売）も人気。**DATA**☎0269-33-2324 🏠山ノ内町平穏2316 ⏰8時30分〜18時30分 🚫不定休 🚌バス停渋温泉から徒歩2分 🅿1台 **MAP**P109B4

湯田中渋
わかばや
🏠 若葉屋

渋温泉街のみやげ店

温泉街の石畳みに面したみやげ物店。漬物や銘菓など信州名物を豊富に揃えている。店内のお休み処では手づくりジェラートの販売もできる。温泉街では厄除巡浴外湯めぐり（→P71）も行っているので、散策途中にぜひ立ち寄りたい。**DATA**☎0269-33-3305 🏠山ノ内町平穏2184 ⏰8時30分〜21時 🚫不定休 🚌バス停和合橋から徒歩3分 🅿なし **MAP**P109C3

湯田中渋
ここいかしてん
🏠 小古井菓子店

温泉饅頭とうずまきパンが人気

渋温泉・四番湯のすぐ近くにある店。あんこと皮が絶妙な相性の温泉饅頭95円は、みやげとしても食べ歩きグルメとして人気が高い。ほかにも、中にマーガリンを詰めて、表面をカスタードで飾ったうずまきパン140円などの手作りパンは、地元の人たちに評判の商品だ。**DATA**☎0269-33-3288 🏠山ノ内町平穏2114 ⏰8時〜19時30分 🚫水曜 🚌バス停和合橋から徒歩1分 🅿なし **MAP**P109C3

志賀高原
しがこうげんそうごうかいかんきゅうじゅうはち
🎵 志賀高原総合会館98

志賀高原の総合複合施設

平成10年(1998)の長野オリンピックの年に作られた、コンサート会場やスポーツ施設にもなる複合施設。志賀高原観光協会などの施設も併設。志賀高原の動植物やトレッキング情報なども入手できる。**DATA**☎0269-34-3098 🏠山ノ内町平穏7148 志賀高原蓮池 💴無料 ⏰9〜16時 🚫無休 🚌バス停志賀高原山の駅から徒歩1分 🅿500台 **MAP**P105D2

野沢温泉
にほんすきーはくぶつかん
📷 日本スキー博物館

日本と世界のスキー史を紹介

日本のスキーは、オーストリアのレルヒ少佐が明治44年(1911)、新潟県高田でスキーを教えたことに始まるといわれ、野沢温泉にスキーが入ってきたのはその翌年。日本と世界のスキー史に関する貴重な資料が展示されている。**DATA**☎0269-85-3418 🏠野沢温泉村豊郷8270 💴入館300円 ⏰9〜16時 🚫木曜 🚌バス停野沢温泉から徒歩20分 🅿10台 **MAP**P109C1

野沢温泉
たかのたつゆききねん
おぼろづきよのやかた（はんざんぶんこ）
📷 高野辰之記念 おぼろ月夜の館（斑山文庫）

国文学者・高野辰之の文学館

『春が来た』『朧月夜』などの作詞で知られる高野辰之は、野沢温泉に別荘をもち、晩年を過ごしたという。定時になると奏でられる鐘の音も美しい。**DATA**☎0269-85-3839 🏠野沢温泉村豊郷9549-6 💴入館300円 ⏰9〜17時（受付は〜16時30分）🚫月曜（祝日の場合は翌日）🚌バス停野沢温泉から徒歩5分 🅿4台 **MAP**P109B2

野沢温泉
こがねやぶっさんてん
🏠 黄金屋物産店

自家製漬物が評判の店

麻釜のすぐ脇、水車が目印のみやげ物店。野沢温泉名物の野沢菜漬けをはじめとした自家製漬物が評判。野沢菜浅漬け270円、野沢菜漬け550円、はんごろしキムチ650円などがある。**DATA**☎0269-85-2154 🏠野沢温泉村豊郷9304 ⏰9時〜17時30分（夏期は8時30分〜）🚫木曜 🚌バス停野沢温泉から徒歩5分 🅿1台 **MAP**P109B1

飯山
しょうじゅあん
📷 正受庵

古き良き日本を感じるお堂

松代の初代藩主・真田信之の子である、通称正受老人こと道鏡慧端が終生を座禅三昧で過ごした庵。現存する本堂は江戸時代後期に建設されたもの。映画『阿弥陀堂だより』のロケにも使用された本堂は必見。**DATA**☎0269-62-7000（信越自然郷飯山駅観光案内所）🏠飯山市飯山上倉1871 💴無料 🚌境内自由 🚌JR飯山駅から徒歩15分 🅿10台 **MAP**P89

飯山

福島棚田の里
ふくしまたなだのさと

日本の棚田百選の一つ

「日本の棚田百選」に認定された福島地区の棚田。万仏山に通じる飯山市福島地区には、江戸時代からの自然石で組まれた独特の棚田が広がり、ふるさとの原風景が残る。毎年、近くの小学生が参加する5月の「田植え体験会」と9月の「稲刈り体験会」は、市民でなくても参加できる。☎0269-62-7000(信越自然郷飯山観光案内所)●見学自由 ☒JR飯山駅から車で20分 ■4台 MAP P105D1

飯山

小菅神社
こすげじんじゃ

室町時代の建築を見る

白鳳8年(680)、修験道の祖「役小角」により創建され、中世には戸隠や飯綱と並ぶ北信濃の三大修験場の一つに数えられた。現在の奥社は約500年前に建てられ、室町時代の建築様式を今に伝えているという。昭和39年(1964)、国の重要文化財に指定された。DATA☎0269-62-7000(信越自然郷飯山駅観光案内所)■飯山市瑞穂小菅 ¥無料 ●境内自由 ☒JR飯山駅から車で20分 ■20台 MAP P105D1

飯山

飯山市美術館
いいやましびじゅつかん

飯山ゆかりの美術を鑑賞する

日本画家・長谷川青澄をはじめ飯山ゆかりの芸術家の作品を展示している。飯山市伝統産業会館に併設している。DATA☎0269-62-1501 ■飯山市飯山1436-1 ¥300円(飯山ふるさと館との共通券400円、高橋まゆみ人形館も含めた共通券900円)●9時30分〜17時(最終入館は16時30分)●月曜(祝日の場合は翌日)、展示替え休館あり ☒JR飯山駅から徒歩15分 ■40台 MAP P89

飯山

菜の花公園
なのはなこうえん

サンセットポイントでも知られる

棚田近くの飯山市瑞穂地区では、千曲川が見渡せる丘に菜の花の絨毯が広がる。唱歌『朧月夜』の舞台になったところ。千曲川越しに見る夕景も見事。●見学自由 ☒JR飯山駅から車で15分 ■650台 MAP P105D1

飯山

神戸の大イチョウ
ごうどのおおいちょう

幹周約14.7mにもなる大木

飯山市瑞穂地区にある神戸(ごうど)の大イチョウは樹齢500年を超えるとか。高さ約36m。長野県の天然記念物にも指定されている。●見学自由 ☒JR飯山駅から車で20分 ■5台 MAP P105D1

飯山

飯山手すき和紙体験工房
いいやまてすきわしたいけんこうぼう

伝統の手すき和紙でオリジナル作品を

飯山手すき和紙は、木島平の内山が発祥といわれる内山紙。伝統的な手法で漉き上げられる和紙は、誰でも体験が可能だ。所要時間15分程度のはがき作りが一番リーズナブルで、予約は不要。10名以上の場合は要予約。DATA☎0269-67-2794 ■飯山市飯山1439-1 ¥はがき1枚210円、色紙1枚520円他 ●9〜17時 ●月曜(祝日の場合は翌日)☒JR飯山駅から徒歩15分 ■20台 MAP P89

木島平

龍興寺の清水
りゅうこうじのしみず

「平成の名水百選」に選定された湧き水

江戸時代から内山紙の紙すきに利用されてきた「龍興寺の清水」。こんこんと湧き出る水は、飲料水としても利用することができる(20ℓ1缶100円以上の維持管理費を納める)。散策の合間に冷たい湧水で喉を潤してみては。DATA☎0269-82-2800 (木島平村観光振興局)■木島平村穂高1282 ¥無料 ●利用自由 ●無休 ☒JR飯山駅から車で16分 ■なし MAP P105D1

木島平

手打ちそば樽滝
てうちそばたるだき

木島平産そば粉と手打ちにこだわる

木島平村観光交流センター内にある食事処。木島平産のそば粉を自店で石臼挽きにしている。名水・龍興寺の清水を使い、雄山火口(おやまぼくち)の繊維をつなぎにした名水火口そば770円や十割そば1100円が人気。DATA☎0269-82-3955 ■木島平村上木島2548-1 木島平村観光交流センター内 ●11〜14時 ●水・木曜 ☒JR飯山駅から車で15分 ■30台 MAP P105D1

木島平

パティスリー・レーヴ
ぱてぃすりー・れーぶ

木島平産の果物にこだわったパティスリー

飯山産の菜の花みゆき卵を使ったスポンジやカスタード、木島平産の米粉で作ったクッキーなど、素材にこだわっている。季節限定フルーツを使ったケーキ、ルージュ520円なども。カフェも併設。DATA☎0269-82-4820 ■木島平村往郷26-6 ●10〜19時(土・日曜、祝日は〜17時。カフェは閉店の1時間前まで)●月曜、月2回火曜(祝日の場合は営業)☒JR飯山駅から車で15分 ■5台 MAP P105D1

北信州 ●ココにも行きたい!おすすめスポット

長野 小布施 戸隠 湯田中渋温泉郷の
知っておきたいエトセトラ

北信州への旅行を計画する前にチェックしましょう。
地元ならではの祭りやイベントに参加するのもいいですよ。

湯田中渋ゆかりの文人

湯田中渋温泉郷では、温泉地ゆかりの文人墨客の記念館や碑が多い。湯田中渋を訪れた文人とは？

小林一茶 （こばやしいっさ）

俳人・小林一茶は、湯田中温泉をこよなく愛し、多くの足跡を残している。一茶と湯田中の関わりは、今でも宿を営む「湯田中 湯本」（☎0269-33-2141）に始まる。宿の6代前の主人とその息子が俳諧を通じて、一茶と交流したのが始まりなのだとか。一茶は晩年まで出身地の柏原（信濃町）と湯田中を行き来し、湯田中には長期滞在して多くの遺稿を残している。静寂に包まれた湯田中の大自然を一茶は気に入っていたのだとか。

温泉街を見下ろす一茶の散歩道

荻原井泉水 （おぎわらいせんすい）

一茶の遺稿を校訂したのが、自由律の俳人・荻原井泉水。井泉水は明治から昭和にかけて活躍した人で、松尾芭蕉や一茶に関係した多くの書をはじめ、俳句を詠み込んだ俳画を残している。「湯田中 湯本」では井泉水の作品も宿の各所に展示している。また、敷地内には、荻原井泉水が逗留したという「湯薫亭」が残っている。建物は大正9年（1920）に建てられたもので、庭園と一体化した落ち着いた雰囲気。建物の中は見ることができないが、ひととき静寂のなかに身をおき、俳文学の魅力を感じとってみては（外観見学は自由）。

湯田中 湯本の離れ「湯薫亭」

林芙美子 （はやしふみこ）

大正から昭和にかけて活躍した作家の林芙美子は、湯田中温泉郷・上林温泉を度々訪れ、「塵表閣本店」（☞P75）や「湯宿せきや」（☞P74）に逗留したといわれる。また、昭和19年（1944）8月から昭和20年（1945）10月まで、角間温泉に、画家であった夫の林緑敏、母、子とともに疎開していたという。

角間温泉は、大湯を中心に今も湯治場の雰囲気が濃い

近代文学・画壇の巨星たち

上林温泉には、志賀高原の高天ヶ原に「文藝春秋山の家」を造った菊地寛をはじめ、上林でスキーを楽しんだ竹久夢二、夏目漱石、若山牧水、横山大観、石坂洋次郎、井上靖、井伏鱒二、川端康成、小林秀雄ら、近代文学や画壇で活躍した作家たちが足跡を残している。上林温泉の「塵表閣本店」にはこの宿を訪れた文人墨客の作品や書画が飾られており、「湯宿せきや」（☞P74）は三好達治や壺井栄、林芙美子が定宿にしたことで知られている。「上林ホテル仙壽閣」のロビー等には多くの作家・芸術家の書画が展示されている。

祭り・イベント

伝統的なものから新しいものまで、長野には個性的なお祭り・イベントが。

野沢温泉の道祖神祭り

初子の祝い、厄年の厄払い、良縁を祈願し、火をめぐる攻防戦を伴う、壮大な道祖神祭り。江戸時代から続くといわれ、日本を代表する道祖神行事の一つとして、国の重要無形民俗文化財に指定されている。

🏠野沢温泉村内 🕐1月15日

長野びんずる

信州長野の夏の風物詩。長野市民総参加・総和楽で盛り上がる市民祭。かがり火の下、びんずる踊りの輪が繰り広げられる姿は迫力満点。

☎026-217-8244（長野びんずる実行委員会事務局）🏠長野市中央通り、ほか 🕐8月第1土曜

飯山の伝統的秋祭り

「天狗の舞い」で知られる奈良沢神社の祭礼「奈良沢大天狗」（9月第3土・日曜）をはじめ、江戸時代から伝わる飯山市の無形民俗文化財「名立神社例大祭」や、長野県の無形民俗文化財の「五束太々神楽」など、集落ごとに伝統的な神事が奉納される。

☎0269-62-7000（信越自然郷飯山駅観光案内所）🏠飯山市内各所 🕐9月の各週末

川中島古戦場まつり

川中島合戦で犠牲となった幾千の霊の追悼を込め、八幡社境内に灯籠が灯され、花火大会も開催。

📞川中島古戦場まつり実行委員会（年によって問合せ先変更。観光案内等を参照）🏠川中島古戦場史跡公園 🕐10月上旬

松代藩真田十万石まつり

松代藩真田家250余年の善政を讃え、初代藩主・真田信之や歴代藩主の行列を中心にした祭り。

☎026-278-2534（松代藩真田十万石まつり実行委員会）🏠松代城および松代町内 🕐スポーツの日の前の土・日曜

北信州には花のみどころがたくさんある。見頃の時期に訪れて花の風景を楽しもう。

原大沢の福寿草

長野市松代東条のアンズ

アンズの花● 4月上旬～中旬
千曲市「あんずの里」や長野市松代東条の尼巌山・奇妙山の南麓一帯では、山肌がピンクの花に包まれて桃源郷のようになる。

福寿草● 4月上旬～中旬
北信州エリアでは4月上中旬からが見頃。木島平村原大沢地区の福寿草群生地では、地元の住民団体「福寿草を愛する会」により、毎年4月中旬に福寿草まつりが開催される。

桜● 4月中旬～5月上旬
長野市には国の天然記念物「素桜神社の神代桜」(推定樹齢1200年)や城山公園、雲上殿の桜など名所が多い。また、飯山市の飯山城址や山ノ内町の「宇木のエドヒガン」(推定樹齢850年)もおすすめ。

菜の花● 4月下旬～5月下旬
飯山市では菜の花公園や北竜湖畔の菜の花が圧巻。野沢温泉村でもいたるところで菜の花が咲く様子が見られる。また、小布施市の千曲川ふれあい公園では菜の花と桃林や八重桜が咲く風景が人気。

リンゴの花● 5月上旬～中旬
リンゴの生産量が多い長野市、中野市、千曲市、山ノ内町でリンゴの花が咲き誇る。

ツツジ● 5月下旬～6月中旬
野沢温泉村のつつじ山公園や、長野市の豊野町のつつじ山公園がおすすめ。

ニッコウキスゲ● 7月中旬～下旬
カヤの平高原の北ドブ湿原ではニッコウキスゲが咲き誇る。湿原一帯が黄色に染まり、すばらしい景色が広がる。

そばの花● 8月中旬～9月中旬
そばどころ信州ではいたるところでそば畑を目にするが、おすすめは戸隠高原。一面、白い花で覆われる。

素桜神社の神代桜

千曲川ふれあい公園の菜の花

戸隠高原のそば畑

食は旅の楽しみの一つ。北信州を代表する食材の旬をチェックして訪れよう。

名水火口そば・そば花まつり(9月中旬の日曜)

ぼたん胡椒
ブルーベリー

4～6月 ●山菜
雪解けとともに食卓に登場する山菜。ふきのとうやこごみ、たらの芽、わらび、うどなどシーズンならでは新鮮な山菜を味わえる。

5月上旬～10月上旬 ●アスパラガス
北信州の特産野菜のなかでも、飯山市は国内有数の産地。とれたての甘いアスパラガスをぜひ。

5月上旬～12月下旬 ●ブドウ
ナガノパープル、シャインマスカット、巨峰、ピオーネなど。ハウス栽培も含むと5月から年内いっぱいまで。ブドウ狩り体験もぜひ。

5～12月 ●野菜
ズッキーニ、ピーマン、キュウリなどの地場野菜や、ねずみ大根、小布施丸なす、ぼたん胡椒などの伝統野菜。

7月初旬～中旬 ●アンズ
アンズは日持ちがしないので、生で食べられる機会が少ない果物。期間限定、フレッシュなアンズをぜひ味わってみよう。

7月中旬～9月中旬 ●プルーン
長野県が日本一の生産量を誇るプルーン。ビタミンやミネラルがバランスよく含まれており、皮ごと生で食べるのがおすすめ。

7月下旬～9月中旬 ●桃
桃の仲間のネクタリンは7月中旬から。桃は7月下旬からの白鳳、あかつきに始まり、なつっこ(8月中旬～)、川中白桃(8月下旬～)などさまざまな品種がある。

8月中旬～1月下旬 ●リンゴ
8月中旬のつるがに始まり、長野県のオリジナル品種である秋映やシナノゴールド、シナノスイーツなど、長期にわたり味覚を堪能できる。なお「サン」とつく品種名は無袋栽培をしたリンゴの意味。

9～10月 ●きのこ
栽培品種は通年あるが、天然きのこは秋限定。

10月初旬 ●栗
栗の名産地・小布施町では見事な新栗が出回る。同時に、期間限定の新栗スイーツも！

10～11月 ●新そば
秋そばの収穫期となる10～11月を中心に各地で新そば祭りが開催される。戸隠では10～11月に「戸隠そば祭り・新そば献納祭」を開催。1日には、戸隠一のそば打ちが白装束に身を包んで秋の「新そば」を打ち、戸隠神社に献納する神事が行われ、献納行列も見ることができる。

富倉新そば祭り(11月第2日曜)

戸隠そば祭り・新そば献納祭

トラベルインフォメーション ● 知っておきたいエトセトラ

長野・小布施
戸隠 湯田中渋温泉郷 交通ガイド

長野へはどう行こう？ 着いてからはどこへ行く？ いろんなところへ行きたいね。
賢く旅するための交通情報をちょっと見てから行きましょう。

東京・名古屋・大阪から鉄道で長野駅へ

北陸新幹線は本数が多く長野駅には全列車が停車。名古屋からの特急「しなの」は1時間ごとに運転。

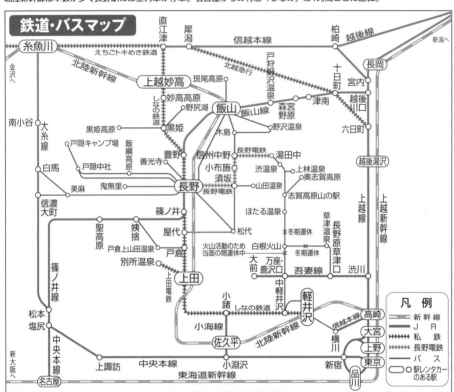

鉄道・バスマップ

凡例
ーーー 新幹線
ーーー JR
＋＋＋ 私　鉄
＋＋＋ 長野電鉄
.... バ　ス
○ 駅レンタカーのある駅

| 東京駅 | 北陸新幹線　1時間17～49分／8340円 ※1時間に2～4本運転 | → | 長野駅 |
| 新大阪駅 | 東海道新幹線 → 名古屋駅 | 中央本線特急「しなの」2時間56分～3時間03分／7460円 ※1時間に1本運転 | |

●大阪方面からは、東海道新幹線で名古屋駅まで行き、特急「しなの」に乗り換える（「のぞみ」利用で4時間05分／1万3700円）。

プランニングのヒント

東京から 出発駅によっては、湘南新宿ラインや埼京線を利用して大宮駅まで行き、北陸新幹線に乗車するルートも。新幹線料金が割安になる。

名古屋・大阪から 特急「しなの」からは、姨捨駅付近で善光平を一望でき、日本三大車窓といわれる。戸倉や上田方面へ直行するなら長野駅まで行かず、篠ノ井駅でしなの鉄道に乗り換える。

長野駅から各エリアへのアクセス

長野駅を起点に運行されるバス利用が移動の基本だ。小布施や湯田中渋温泉郷へは長野電鉄の電車に乗り換える。

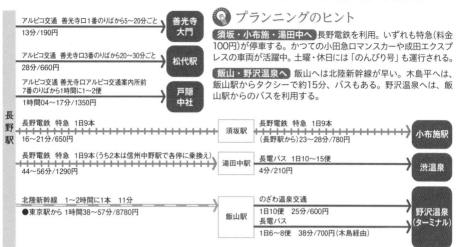

プランニングのヒント

須坂・小布施・湯田中へ 長野電鉄を利用。いずれも特急(料金100円)が停車する。かつての小田急ロマンスカーや成田エクスプレスの車両が活躍する。土曜・休日には「のんびり号」も運行される。

飯山・野沢温泉へ 飯山へは北陸新幹線が早い。木島平へは、飯山駅からタクシーで約15分、バスもある。野沢温泉へは、飯山駅からのバスを利用する。

長野駅

アルピコ交通 善光寺口1番のりばから5〜20分ごと
13分/190円 → **善光寺大門**

アルピコ交通 善光寺口3番のりばから20〜30分ごと
28分/660円 → **松代駅**

アルピコ交通 善光寺口アルピコ交通案内所前
7番のりばから1時間に1〜2便
1時間04〜17分/1350円 → **戸隠中社**

長野電鉄 特急 1日9本
16〜21分/650円 → 須坂駅 長野電鉄 特急 1日9本
(長野駅から)23〜28分/780円 → **小布施駅**

長野電鉄 特急 1日9本(うち2本は信州中野駅で各停に乗換え)
44〜56分/1290円 → 湯田中駅 長電バス 1日10〜15便
4分/210円 → **渋温泉**

北陸新幹線 1〜2時間に1本 11分
●東京駅から 1時間38〜57分/8780円 → 飯山駅 のざわ温泉交通
1日10便 25分/600円
長電バス
1日6〜8便 38分/700円(木島経由) → **野沢温泉(ターミナル)**

便利なフリーきっぷ

長野駅を起点に各エリアへのバスや鉄道を利用するフリーきっぷがいろいろ揃っている。

▶信州ワンデーパス(JR東日本)
JR東日本の長野県内の路線(飯山線は越後川口駅まで、中央本線・小海線は小淵沢駅まで乗車可)と、しなの鉄道の路線長野駅〜豊野駅間の普通車自由席が、1日乗り降り自由で2680円。新幹線や特急、快速の指定席を利用する場合は、別に特急券や指定席券が必要。フリーエリア内の主な駅のみどりの窓口や指定席券売機などで通年発売。

▶戸隠・善光寺1日周遊きっぷ(アルピコ交通)
長野駅から戸隠キャンプ場までの路線バス2系統が乗り放題で3000円。指定飲食店や施設で割引などの特典付き。長野駅〜善光寺間は「びんずる号」など他の路線も利用できるが、「ぐるりん号」には乗車できない。アルピコ交通長野駅前案内所などで発売。

▶善光寺・松代1dayパス(アルピコ交通)
長野駅〜善光寺・川中島古戦場・松代間のアルピコ交通の路線バスが1日乗り放題で1500円。「びんずる号」は利用できるが「ぐるりん号」は乗車できない。入館割引などの特典付き。アルピコ交通長野駅前案内所などで発売。

▶長電フリー乗車券(長野電鉄)
長野電鉄の電車全線に、特急の自由席も含め乗り放題。1日用2070円、2日用2580円。長野駅など長野電鉄の主な駅で発売。

▶ながでん鉄道・バス2DAYフリーきっぷ(長野電鉄)
長野電鉄の電車全線(特急の自由席も含む)と長電バスの路線バス(志賀高原エリアや高速バスなど一部路線を除く)が2日間乗り放題で3400円。4〜11月の期間限定で、長野駅など長野電鉄の主な駅で発売。

▶戸隠神社めぐりきっぷ(アルピコ交通)
アルピコ交通バスの飯綱高原第3駐車場か戸隠昆虫自然園入口から戸隠キャンプ場までの区間が5日間乗り放題で、長野駅からフリー区間までのバス往復券をセットし3300円。指定飲食店や施設で割引などの特典付き。往復どちらか善光寺で下車でき「びんずる号」など他の路線も利用できるが、「ぐるりん号」には乗車できない。アルピコ交通長野駅前案内所などで発売。

●新幹線eチケット(トクだ値14)
JR東日本のインターネット予約サイト「えきねっと」限定の割引きっぷ。えきねっとへの会員登録(無料)と、手持ちの交通系ICカードかモバイルSuicaとの紐づけが必要。列車・席数・区間限定だが、乗車14日間限定だが、乗車14日前の23時50分まで申し込め、乗車券＋新幹線指定席特急券が30%割引になる。割引率は約10%と低いが、乗車前日の23時50分まで申し込める「新幹線eチケット(トクだ値1)」もある。

☎問合先
●JR東日本お問い合わせセンター
☎050-2016-1600
●長野電鉄
☎026-248-6000
●アルピコ交通(長野)
☎026-227-0404
●長電バス(長野)
☎026-296-3208
●長電バス(飯山)
☎0269-62-4131
●のざわ温泉交通
☎0269-85-3333

※運賃、便数などは2024年3月現在のものです。所要時間は、利用する列車、バスにより異なります。
※JRのねだんは通常期に普通車指定席を利用した場合のものです。

ドライブで行く長野・小布施

スケジュールが自由に組め、電車やバスの時刻やルートを気にせずにすむ、車やレンタカー利用はおすすめ。

プランニングのヒント

東京から 関越道〜上信越自動車道を走るルートが一般的。出発地によっては、中央道〜長野道〜上信越道のルートもある。

名古屋・大阪から 名古屋からは、中央道〜長野道〜上信越道を利用。大阪方面からは、名神高速などを走り小牧JCTから中央道に入る。

レール＆レンタカー 長野タウンに加えて、周辺エリアまで足を延ばすなら、長野駅まで鉄道で行き、長野駅でレンタカーを借りるプランもおすすめ。運賃やレンタカー料金が割引になる「レール＆レンタカーきっぷ」を利用しよう。
冬期は、冬タイヤ、タイヤチェーンなどの装備が必要。走行には十分注意を。

レール＆レンタカーきっぷ

駅レンタカーをインターネットで事前に予約しておき、みどりの窓口などでJR乗車券（通算201km以上、乗車駅から駅レンタカー営業所のある駅まで101km以上）を購入するときに、駅レンタカー券も購入すると、同乗者全員のJR運賃が2割引、特急料金など（「のぞみ」「みずほ」やグランクラスを除く）が1割引になる。GWやお盆、年末年始は、JR運賃・料金の割引はない。長野駅に駅レンタカーの営業所がある。

■レール＆レンタカーきっぷ　レンタカー料金表

2024年4月現在

クラス	K	S	A	MV
12時間まで	7260円	7590円	1万1000円	1万1660円
24時間まで	9240円	9570円	1万3310円	1万4300円
以後1時間ごと	1430円	1430円	1650円	1870円
以後24時間ごと	7810円	8250円	1万220円	1万1660円

各エリアへのドライブアクセス

高速道路の渋滞は要注意だが、最寄りインターから各エリアへはそれほど距離がなく走りやすい。

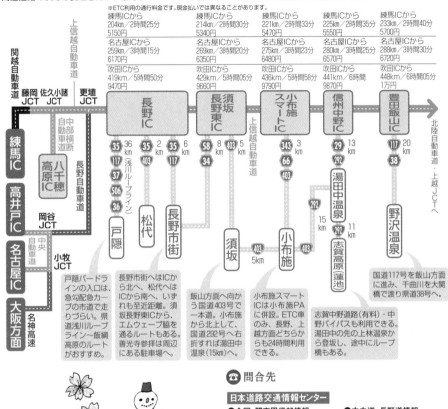

※ETC利用の通行料金です。現金払いでは異なることがあります。

練馬ICから 204km/2時間25分 5150円	練馬ICから 214km/2時間30分 5340円	練馬ICから 221km/2時間33分 5470円	練馬ICから 225km/2時間35分 5550円	練馬ICから 233km/2時間40分 5700円
名古屋ICから 259km/3時間15分 6170円	名古屋ICから 269km/3時間20分 6350円	名古屋ICから 275km/3時間23分 6480円	名古屋ICから 280km/3時間25分 6670円	名古屋ICから 288km/3時間30分 6720円
吹田ICから 419km/5時間50分 9470円	吹田ICから 429km/5時間05分 9660円	吹田ICから 436km/5時間58分 9790円	吹田ICから 441km/6時間 9870円	吹田ICから 448km/6時間05分 1万円

戸隠バードラインの入口は、急勾配急カーブの市道で走りづらい。県道浅川ループライン～飯綱高原のルートがおすすめ。

長野市街へはICから北へ、松代へはICから西へ、いずれも至近距離。須坂は長野東ICから。エムウェーブ脇を通るルートもある。善光寺参拝は周辺にある駐車場へ。

飯山方面へ向かう国道403号が一本道。小布施から北上して、国道292号へ右折すれば湯田中温泉(15km)へ。

小布施スマートICは小布施PAに併設。ETC車のみで、長野、上越方面どちらからも24時間利用できる。

志賀中野道路(有料)・中野バイパスも利用できる。湯田中の先の上林温泉から坂道し、途中にループ橋もある。

国道117号を飯山方面に進み、千曲川を大関橋で渡り県道38号へ。

☎ 問合先

日本道路交通情報センター

●全国・関東甲信越情報
☎050-3369-6600

●中央道・長野道情報
☎050-3369-6764

●長野情報
☎050-3369-6620

●東北・常磐・関越道情報
☎050-3369-6762

高速バスで行く長野

東京・大阪からは、昼行便と夜行便、名古屋からは昼行便が運行。また大阪から湯田中～野沢温泉直行の夜行便もある。

出発地→経由地→到着地	所要時間	ねだん	便数(1日)	問合先
バスタ新宿→長野駅	3時間43分 ※1	3500～5100円	10便(うち1便夜行)	京王バス ☎03-5376-2222
池袋駅東口→長野駅	3時間42分	3500～5100円	1便	
京成上野駅→BT東京八重洲→長野駅 (始発は成田空港)	6時間53分	4200～5000円	1便(夜行)	成田空港交通(京成予約センター) ☎047-432-1891
名古屋・名鉄BC→長野駅	4時間48分	3800～5100円	当分の間運休中	名鉄バス ☎052-582-0489
大阪・阪急三番街→長野駅	6時間04分 ※2	4700～7600円	2便(うち1便夜行)	阪急観光バス ☎0570-089006
大阪・湊町BT(OCAT)→京都駅八条口→長野駅前→小布施→湯田中駅→飯山駅→野沢温泉(始発は神戸・三宮BT)	7時間38分 ※3 8時間31分 ※4 9時間01分 ※5	5600～1万100円 ※3 5800～1万300円 ※4 6600～1万1100円 ※5	1便(夜行)	南海バス ☎06-6643-1007

※1)夜行は所要5時間33分 ※2)夜行は所要8時間52分 ※3)長野駅まで ※4)小布施まで ※5)湯田中駅まで。野沢温泉までは10時間01分、同料金

◎BC=バスセンター、BT=バスターミナル

103

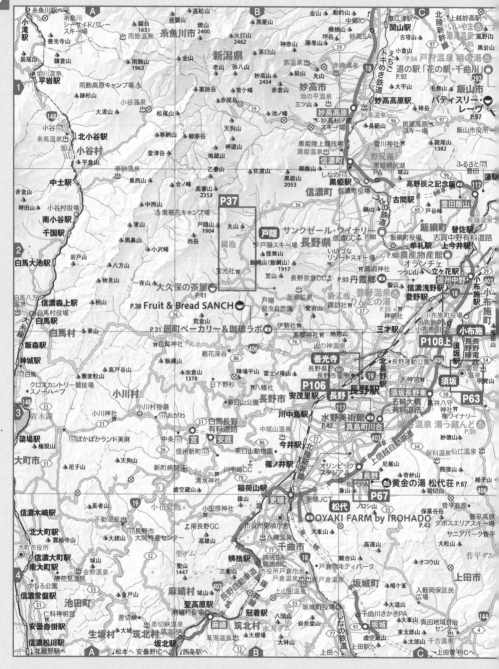

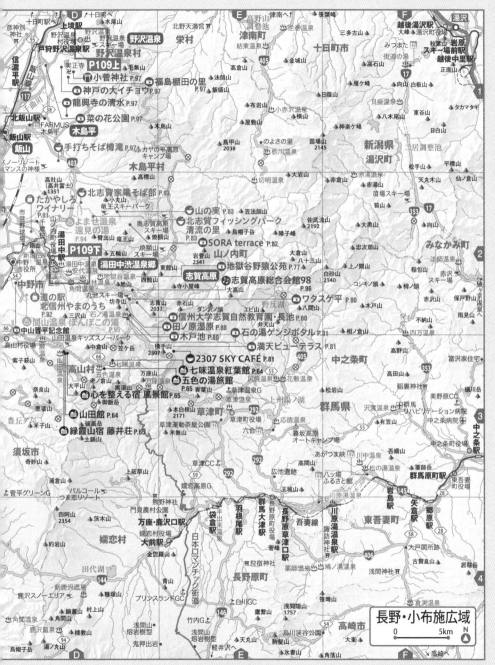

長野・小布施広域

0 5km

善光寺周辺

0 ── 100m

徒歩2分

N

上段地図（長野MAP）

信州中野ICへ
浄照寺 卍
諏訪宮 卍
飯山・野沢温泉へ
北岡神社 卍
郷原神社 卍
小布施橋
山王島北
66
北岡南
千曲川ふれあい公園
十曲川
大光寺 卍
都住駅
わかば保育園
梅松寺 卍
栗ガ丘幼稚園
小布施歴史民俗資料館 P.49
KUTEN。 fruit&cake P.52
卍岩松院
山崎農園
小布施駅
403
P.51 TSUMUGI CAFE
おぶせミュージアム・中島千波館
西永寺 卍
小布施町局
小布施町役場
343
中町南
小布施中
雁田地区スポーツセンター
フローラルガーデンおぶせ
卍浄光寺
P108下
北斎館
薬師豆富 まめ家 P.57
小布施スマートIC
大嶋神社 卍
小布施PA
小布施総合公園
玄照寺 卍
長野電鉄
新生病院
上町
千年樹の里
小布施町
6次産業センター P.55
雁田山▲
道の駅 オアシスおぶせ P.93
松川豊園
雁田
メゾン・ド・ ナチュール 亀田
小布施温泉 あけびの湯 P.61
中条フルーツ農園
上松川橋
66
須坂市
高山村
松川

小布施
0　　　500m
徒歩10分

須坂長野東ICへ
須坂駅へ
長野駅へ
須坂市街へ

下段地図（小布施中心部）

飯山・野沢温泉へ
おぶせミュージアム・中島千波館 P.48
ミュージアムカフェ
中央公会堂
P.55 小布施 岩崎
六川南
小布施中心部
0　　　100m
徒歩2分

小布施駅へ
皇大神社
金刀比羅神社
P.59 Art & Craft よしのや
古陶磁コレクション 了庵 P.49
P.58 ギャラリー小布je
栗ガ丘小
野口歯科医院
小布施町局
桜井甘精堂・本店 P.54
西永寺
P.50 桜井甘精堂 栗の木テラス
中町
小布施町
桜井甘精堂 泉石亭 P.56
小布施 鈴花 P.57
弘法大師堂
cafe & marché ichinii P.53
パティスリーロント P.50
小さな栗の木美術館 P.48
P.57 地もの屋 響
カフェ茶蔵 P.47
さかまき内科クリニック
中町南
小布施堂本店 P.54
小布施町総合体育館
P.47 マロナップル
C cafe & zakka P.53
カフェえんとつ P.55
小布施の宿 ヴァンヴェール P.61
403
和紙の中條 P.59
町営 森の駐車場 P.53
フランス食堂 ヴァンヴェール P.56
P.47 陣屋小路
髙井鴻山記念館 P.47
松村
P.49 日本のあかり 博物館
栗の小径 P.46
松村町営駐車場
諸国・民工芸雑貨 自在屋 P.58
桝一市村酒造場 P.91
P 町営松村駐車場 P.53
松村区民会館
祥雲寺 P.47
北斎館 P.46
上町
皇大神社
竹風堂 小布施本店
北斎亭 P.51
小さなお宿 おぶせの風 P.61
玄徳寺 卍
東町公会堂
桝一客殿 P.60
栗庵風味堂 P.55
樹杢西脇 P.59
須坂市街へ
CAFE SAKU-G
東町

野沢温泉村

つつじ山公園

伊勢宮公園

日本スキー博物館 P.96

豊郷
野沢グランドホテル
金毘羅神社

畔上館 P.87
麻釜 P.85
滝の湯
動く歩道「遊ロード」P.98

日影ゴンドラリフト

野沢温泉スキー場

真湯 P.84
村のホテル
P.86 住吉屋

野沢温泉村・真湯

黄金屋物産店 P.98
なっぱカフェ P.85

日影トリプルリフト

麻釜温泉公園「ふるさとの湯」P.85

P.85 松泉堂
上寺湯
麻釜の湯
熊の手洗湯

ミニ温泉広場湯めぐり P.84

健命寺 P.85
湯沢神社 P.85

P.85 二ク工芸

カルデ P.85

さかや・はなれ・寿命延

野沢温泉

河原湯

大湯 P.84

旅館さかや P.87
常盤屋旅館 P.87

野沢温泉ホテル P.86
湯宿 とうふや P.87

野沢温泉村役場

メインストリートパー・フット

松葉の湯 P.84

P.84 横落の湯
横落

野沢温泉観光案内所

中央ターミナル
JA

十王堂の湯

353

のざわこども園

野沢温泉局

上境へ

38

野沢温泉小

高野辰之記念 おぼろ月夜の館
(斑山文庫) P.96

山のホテル大瀧

秋葉の湯

新田

新田の湯

野沢温泉スキー場

野沢温泉

0 ────── 100m
徒歩2分 N

飯山・戸狩野沢温泉駅へ

野沢温泉スパリーナ P.94 へ

478 山ノ内町役場

湯田中温泉 清風荘 P.74

小石屋旅館 P.76
渋温泉古久屋
綿の湯 P.96 若葉屋

歴史の宿金具屋 P.75
足湯のふとまる P.71
渋大湯

長野電鉄
須坂・長野駅へ

山ノ内中
山の内ヒルズ

湯田中駅前温泉 楓の湯 P.95

初の湯
笹の湯

渋高薬師
神明滝の湯
やきとりもとや
目洗の湯

湯田中駅

HAKKO YAMANOUCHI P.72

渋ホテル

の猿

俺や

AIBIYA P.76
加命の湯
水明館

湯田中温泉プリン本舗 P.73

渋温泉クラブ

渋和合館

HOSTEL
七操の湯 P.76

旅館はくら
新湯田中温泉

ホテル星川館

よろづや P.75

P.73 手打蕎麦
玉川本店

渋湯田中
温泉組合

温泉寺 P.71

延命 湯けぶり地蔵尊 P.75

うどん
玉川本店

松の湯

東小文

平和観音 美湯の宿

一茶のこみち

酒蔵美術館・
ギャラリー玉村本店 P.73

小古井
菓子店

ホテル
豊生
川星温泉
穂波温泉

つるや
旅館

星川橋

きよみず望山荘

渋温泉

0 ──── 100m
徒歩約2分

竹の湯

横湯川

あぶらや
燈千

羽田甘精堂 P.96

熱の湯

佐野角間IC

Beer & Cafe TERRACE UJ P.72
ホテルおもだか

山ノ内町

薬師組合公会堂

356

安代温泉

P.71 面白屋

上熱の湯

P.73 ENZA café

渋温泉 右上図

地獄谷温泉

上林ホテル仙壽閣

湯宿せきや P.74

スノーモンキーパーク

湯ノ原仙山地

新熱の湯

佐野神社

信州中野IC

292

横湯川

342

上林温泉

志賀高原IC

角間大橋

角間温泉

P.75 源泉の宿塵表閣本店

上林温泉

志賀高原へ

湯田中渋温泉郷

0 ──── 200m
徒歩4分 N

角間川

長野 小布施 戸隠 湯田中渋温泉郷

観光みどころ　寺院　神社　プレイスポット　レストラン・食事処　カフェ・喫茶　居酒屋・BAR　みやげ店・ショップ　宿泊施設　立ち寄り湯

ココミル
cocomiru

長野 小布施
戸隠 湯田中渋温泉郷
中部❻

2024年4月15日初版印刷
2024年5月1日初版発行

編集人：眞野邦生
発行人：盛崎宏行
発行所：JTBパブリッシング
　　　　〒135-8165
　　　　東京都江東区豊洲5-6-36　豊洲プライムスクエア11階

編集・制作：情報メディア編集部
編集デスク：宮澤珠里
取材・編集：K&Bパブリッシャーズ／四谷工房（石丸泰規、
佐原 南、丸山繭子、今村玲嘉）／小林しのぶ／水梨由佳／
本多美也子／mii（井島加恵）／長峯亘（ジョッガ）／樋口麻由、
くぼたかおり（Lantana）／間貞鷹／安田敦子

アートディレクション：APRIL FOOL Inc.
表紙デザイン：APRIL FOOL Inc.
本文デザイン：APRIL FOOL Inc.
K&Bパブリッシャーズ／パパスファクトリー／ユカデザイン
東画コーポレーション（三沢智広）
イラスト：平澤まりこ
撮影・写真：樋口一成／ミヤジシンゴ／稲田良平／信州・長野県観光協会／
関係各市町村観光課・観光協会／JTBフォト／PIXTA
地図：ゼンリン／千秋社／ジェイ・マップ
組版・印刷所：佐川印刷

すてきな思い出
ですみました♪

編集内容や、商品の乱丁・落丁の
お問合せはこちら

JTB パブリッシング お問合せ

https://jtbpublishing.co.jp/
contact/service/

本誌に掲載した地図は以下を使用しています。
測量法に基づく国土地理院長承認（使用）R 5JHs 167-224号、R 5JHs
168-098号

●本書掲載のデータは2024年2月末日現在のものです。発行後に、料金、営業時間、定休日、メニュー等の営業内容が変更になることや、臨時休業等で利用できない場合があります。また、各種データを含めた掲載内容の正確性には万全を期しておりますが、お出かけの際には電話等で事前に確認・予約されることをお勧めいたします。なお、本書に掲載された内容による損害賠償等は、弊社では保障いたしかねますので、予めご了承くださいますようお願いいたします。●本書掲載の商品は一例です。売り切れや変更の場合もありますので、ご了承ください。●本書掲載の料金は消費税込みの料金ですが、変更されることがありますので、ご利用の際はご注意ください。入園料などで特記のないものは大人料金です。●定休日は、年末年始・お盆休み・ゴールデンウィークを省略しています。●本書掲載の利用時間は、特記以外原則として開店（館）～閉店（館）です。オーダーストップや入店（館）時間は通常閉店（館）時刻の30分～1時間前ですのでご注意ください。●本書掲載の交通表記における所要時間はあくまでも目安ですのでご注意ください。●本書掲載の宿泊料

金は、原則としてシングル・ツインは1室あたりの室料です。1泊2食、1泊朝食、素泊に関しては、1室2名で宿泊した場合の1名料金です。料金は消費税、サービス料込みで掲載しています。季節や人数によって変動しますので、お気をつけください。●本誌掲載の温泉の泉質・効能等は、各施設からの回答をもとに原稿を作成しています。

本書の取材・執筆にあたり、
ご協力いただきました関係各位に厚くお礼申し上げます。

おでかけ情報満載　https://rurubu.jp/andmore/

243201　280332
ISBN978-4-533-15795-0　C2026
©JTB Publishing 2024
無断転載禁止　Printed in Japan
2405